KB021627

새로운 철학의 모색

지혜와 철학 노트

WISDOM AND PHILOSOPHY NOTE

새로운 철학의 모색

지혜와 철학 노트(개정판)

펴 낸 날   2024년 06월 27일

지 은 이   박근호
펴 낸 이   이기성
기획편집   서해주, 윤가영, 이지희
표지디자인 서해주
책임마케팅 강보현, 김성욱
펴 낸 곳   도서출판 생각나눔
출판등록   제 2018-000288호
주   소   경기도 고양시 덕양구 청초로 66, 덕은리버워크 B동 1708호, 1709호
전   화   02-325-5100
팩   스   02-325-5101
홈페이지   www.생각나눔.kr
이 메 일   bookmain@think-book.com

• 책값은 표지 뒷면에 표기되어 있습니다.
  ISBN 979-11-7048-724-1 (03100)

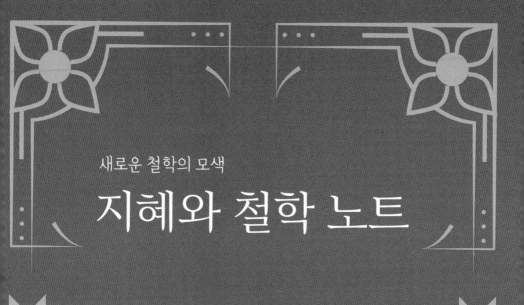

새로운 철학의 모색

지혜와 철학 노트

WISDOM AND
PHILOSOPHY NOTE

박근호 지음

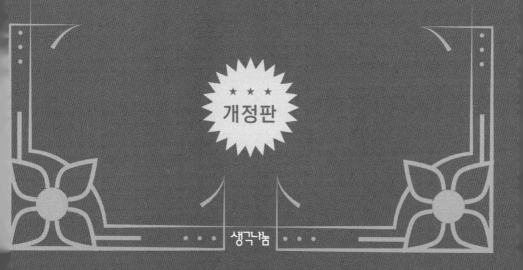

★ ★ ★
개정판

생각나눔

여호와를 경외함이 지혜의 근본이요
거룩한 분을 아는 것이 명철의 시작이다.
– 성경 잠언 9장 10절

　지혜와 철학이 무엇인가에 대해 이야기하는 것은 우리의 삶과 학문에 끼치는 영향을 고려할 때 매우 민감하고 중요한 문제이기 때문에 지혜에 대한 인식과 철학의 발전을 위해서 함께 생각하고 모색하는 토론의 장(場)을 만들고 싶습니다.

　특히 극단적인 사상 대립으로 인하여 오랫동안 고통을 겪고 있는 한반도의 상황에서는 철학에 대한 공감대의 형성이 절실하고, 나아가 공동(共同)의 선(善)을 실현할 수 있도록 서로의 지혜를 모아야 하겠습니다.

　프롤로그는 필자가 1995년에 발표한 논문을 다소 정리하였고, 제1장은 지혜와 철학에 대한 견해를 밝힌 것이며, 제2장은 70~80년대에 기록해 놓았던 철학 노트를 내용별로 분류한 것입니다.

　책의 내용 중 삼육철학이론(三六哲學理論)은 '철학이란 무엇인가?'라는 철학의 본질론에 대한 답으로서 앞으로도 많은 연구가 필요하다고 생각합니다.

　공의로우신 하나님의 크신 은총과 강의 및 저술 활동을 통해 다양한 지식을 전해준 선배님들과 지금까지 많은 도움을 준 가족, 친지들에게 진심으로 감사를 드립니다.

　* 본 도서는 『지혜와 철학노트(2010)』의 개정판입니다.

2024년 봄

지혜를 사랑하는 사람들과 함께

대한민국 철학자

朴 根 澔

새로운 철학의 모색

1. 철학 정의의 가능성

'철학이란 무엇인가?'라고 할 때 이 '무엇'이라는 말이 어떤 실체의 규정 및 설명을 뜻하는 것이라면, '어떤 실체를 철학이라 하는가?'의 문제로 바꿔 말할 수가 있을 것입니다.

철학의 실체를 확인하는 작업으로서 먼저 역대 철학자들의 말과 글을 살펴보았을 때 철학의 이름으로 일치된 견해를 보여주지 못하였고, 철학의 정의가 각양각색 달라져서 급기야는 그 정의가 불가능하다고 단언하기에 이르렀다고 보입니다.

그러나 약간 생각을 바꾸어보면 우리가 쓰는 모든 단어는 일종의 사회적 약속이라 볼 수 있기 때문에, 철학이란 단어의 일치된 정의를 내릴 수 없다는 것은 그것이 사회적으로 공인된 약속을 갖고 있지 못하다는 뜻과 동일할 것입니다.

그러므로 철학의 올바른 실체를 확인하고, 그것을 사회적으로 인정받는 작업이 바로 지금에 이르러 철학의 정의를 정립하는 길이라 여겨집니다. 철학의 정의가 불가능하다는 말은 바로 이 철학의 실체를 확인하는 것이 불가능하거나 여러 가지 실체를 가지고 있어서 한 가지로 묶어 말할 수가 없기 때문일 것입니다.

정의 가능한 입장에서 본다면 철학의 실체를 확인하는 것과 여러 가지 실체를 통일적으로 규명하는 것, 그리고 그것을 사회적으로 인정받는 것이 가능하다는 주장을 내세울 수 있습니다.

그리고 이 가능성의 성공 여부는 오로지 그 이론이 올바른 합리성을 가지면서 얼마나 많은 사람의 공감을 얻느냐에 달려있을 것입니다.

2. 철학이라는 단어의 기원

우리나라의 많은 철학 책에서는 '철학'이라는 단어가 유럽말 'philosophy'를 번역한 것이고, 또 이것은 그리스 말 'philosophia'에서 유래하였다고 설명하고 있습니다.

이 'philosophia'의 근본 뜻은 '지혜에 대한 사랑'이며, 따라서 철학은 '지혜 사랑'이라고 간단히 정의하기도 합니다.

그렇다면 우리의 이 '철학'이라는 말이 언제부터 사용되었는가에 대해서 '김용옥 선생의 철학 강의[1]'를 잠시 인용해서 살펴보기로 하겠습니다.

"우리가 쓰고 있는 철학이라는 말은 필로소피아가 아니며, 그렇

---

1) 김용옥, 통나무출판사, 1989. pp162~165

다고 우리가 옛날 할아버지 대부터 전통적으로 써온 말도 아니며, 그렇다고 우리가 만든 말도 아닙니다. (중략) 19세기 일본의 철학자 니시 아마네라는 사람이 만들어낸 말인데, (중략) 철학이라는 말은 1874년에 그가 쓴 『백일신론』이라는 책에 처음으로 나오고 있는데, 이 책의 제목은 '백 가지 학문을 하나로 통일하는 새로운 이론'이란 뜻인데 (중략) 중국의 가장 오래된 사전이며, 경전인 『이아(爾雅)』라는 책에 보면 '철(哲)이라는 글자를 지(智)와 같다.'라고 뜻풀이를 하고 있습니다. 그래서 아마 니시가 필로소피아를 번역하면서 철이라는 글자를 생각한 모양입니다."

이에 의하면 일본인 니시가 필로소피아를 철학이라고 번역했으며, 같은 한자(漢字)문화권에 속해있는 우리로서도 별 이의 없이 그 단어를 사용하게 된 것이라고 보입니다.

3. 철학 정의의 난해성

철학이라는 말이 서양의 필로소피아와 뜻을 같이한다면, 이 필로소피아의 정의가 바로 철학의 정의가 될 것입니다. 철학의 정의가 다양하게 해석되고 있다는 것은 역시 필로소피아의 정의가 올바로 정립되어 있지 못하기 때문입니다.

서양의 필로소피아가 걸어온 발자취와 우리나라를 포함한 동양철학의 역사, 즉 철학사적으로 철학에 대해서 정의를 내린다는 것이 결코 단순하지 않음을 알 수 있습니다. 시대와 장소와 사람에 따라서 그 내용을 달리하는 철학, 과연 그 정체가 무엇이겠습니까?

우주와 자연의 근본 원리를 인식하려는 노력에서부터 삶의 지침이 되는 인식, 학문의 방법론, 또는 사회 변혁의 수단으로 제각기 편리하게 이용되어 온 것이 철학의 역사라면 현대에 와서 그 정의를 어떻게 내려야 하겠습니까?

철학도 인간이 만든 문화적 소산이므로 인간이 의식적으로 무엇인가를 만들었다면 분명히 그 동기와 목적이 있을 것입니다. 하지만 동기와 목적을 달리하고 있는 여러 가지 이론들이 철학이라는 이름으로 제각기 존재하고 있다는 사실은 우리가 그 정의를 어렵게 하는 결정적 요인이라 할 수 있을 것입니다.

4. 철학의 새로운 모색

우리는 철학의 실체를 규명하는 데 어떠한 경로를 밟아야 하겠습니까?

저는 첫째로, 철학과 밀접한 관계를 갖고 있는 다른 문화의 실체를 정확히 인식하고, 기존 철학의 내부에 다른 문화 요소가 그대로 존속하고 있는지를 확인하여 구분하는 작업을 한 후에, 철학의 주체를 찾고 정의에 대한 가설을 설정하고자 합니다.

1) 과학의 정의
 a. 과학은 실증적(實證的) 지식이다.
 b. 과학은 원인(原因) 혹은 원리(原理)에 대한 탐구적(探究的) 지식이다.
 c. 과학은 사실(事實)의 분석(分析), 기술(記述), 설명(說明)에 시종(始終)하는 지식이다.

2) 예술의 정의

    a. 예술의 본질은 미(美)를 창조하는 데 있다.

    b. 예술의 유일(唯一)한 표식(標識), 예술을 예술되게 하는 것은, 엑스타시스(ecstasis)이다. 기쁨이야말로 본질적으로 예술의 제1차적 상태인 것이다.

위에서 과학과 예술에 대해 대략 발췌된 것을 기술했습니다.

(중략)

예를 들면 고대(古代)의 자연철학(自然哲學)은 천지(天地)의 모든 현상을 바라보고, 그 자연적인 진상을 알려고 노력하였습니다.

즉 '우주의 근원은 물이다. 혹은 불이다, 공기이다.' 등과 같은 내용인데, 이것은 궁극적으로 사실의 엄밀한 객관적 증명을 요구하는 과학의 사명이라 할 수 있습니다. 현재로써 증명 불가능한 사실의 주장이라 하여 철학의 영역 속에 포함해서는 안 되며, 그것이 비록 영원히 풀지 못할 수수께끼라 해도 그것은 엄밀한 사실의 인식으로서 과학의 영역이라 생각됩니다.

(중략)

이 외에도 우리는 철학의 입장에서 과학과 예술 등 다른 문화 요소와 구별되어야 하겠습니다.

5. 신철학의 주창

먼저 제가 지금까지 연구한 철학의 정의에 대한 결론적 사실을 얘기하고자 합니다.

철학이란 '주체적 행위 인식의 총체'라고 할 수 있습니다. 이는 과학이 '객관적 사실 인식의 총체'인 점에 대비해서 정의한 것입니다.

(중략)

"객관적 사실 인식의 총체인 과학의 존립 기반은 진리(眞理)의 검증(檢證)에 있고, 주체적 행위 인식의 총체인 철학의 생명은 선(善)의 실현(實現)에 있다."

여기서 말하는 선(善)이란 윤리학에서 말하는 도덕적인 선을 한정해서 말하는 것이 아니라 일반적으로 사용하는 '좋음'을 말합니다.

즉 좋은 정치, 좋은 교육, 좋은 집, 좋은 생활이라고 할 때의 그런 의미입니다. 그러므로 좋지 않은 정치, 교육, 집, 생활 등을 만들어내는 철학은 올바른 철학이라고 말할 수 없을 것입니다. 철학은 그 대상에 있어서의 선(좋음)을 추구하는 행위 인식이라고 할 때 철학의 질문은 '어떻게 하면 좋은가?'로 대표될 수 있을 것입니다. 정치철학이라고 하면 '정치를 어떻게 하면 좋은가?', 교육철학이라고 하면 '교육을 어떻게 하면 좋은가?' 하는 등입니다.

6. 철학의 분류

그럼 우리가 쓰는 철학이라는 용어가 어떻게 쓰이고 분류되는지를 살펴보기로 하겠습니다. 철학에서 대표되는 질문은 '어떻게 하면 좋은가?'이지만 '누가, 언제, 어디서, 무엇을, 어떻게'라는 조건을 지움으로써 많은 철학의 분류가 생겨납니다. 이것은 제가 고안한 분류 방법으로 예를 들면 아래 보기와 같습니다.

- 누가(연구의 주체): 칸트철학, 소크라테스철학, 니체철학 등
- 언제(발생의 시기): 고대철학, 중세철학, 근대철학, 현대철학 등

- 어디서(발생의 장소): 독일철학, 인도철학, 동양철학, 서양철학 등
- 무엇을(연구의 대상): 정치철학, 경영철학, 법철학, 인생철학 등
- 어떻게(내용): 계몽주의, 프래그머티즘, 실존주의 등

마지막으로 '왜?'라는 철학의 목적에 관한 것은 오직 하나, '선(善)의 실현(實現)'입니다. 따라서 선의 실현을 목적으로 하지 않는 것은 철학이라고 지칭할 수가 없는 것입니다.

7. 철학의 학문성

우리는 대체로 학문이라 하면 지식(知識)의 체계(體系)를 말하는데, 철학의 학문성이 의심받는다는 것은 철학적 지식이 지식으로서 인정을 받을 수 있느냐 하는 것과 동일합니다. 철학은 '어떻게 하면 좋은가?'를 묻고 배우는 인식 활동으로, 우리가 상대하는 사물에 대한 '좋은 방법'을 배우는 활동입니다.

인간이 어떤 상황에 대처해서 취할 수 있는 방법은 다양할 수 있으며, 좋다는 가치 판단 역시 사람에 따라서 다를 수 있는 것입니다.

따라서 절대적이고 유일무이한 과학적 지식은 있을지언정 절대적인 철학적 지식이란 있을 수 없습니다. 선(善)은 유동적인 것이며, 그 선을 지향하는 인간의 방법 또한 상황에 따라서 변화할 수 있기 때문입니다.

결론적으로 말한다면 철학의 학문성은 학문의 정의를 어떻게 하느냐에 따라서 달라질 수 있다고 생각합니다. 첫째로 학문이 보편적인 타당성과 객관적인 실증성만을 생명으로 할 경우, 철학은 학문

내에 설 자리가 없을 것입니다. 둘째로, 행위 주체로서의 행위 방법에 관한 가치 인식의 지식 체계를 광범위하게 포함할 경우, 철학은 과학과 함께 학문 속에 양대 산맥을 이루어 상호 보완해 갈 수 있을 것입니다.

8. 과학과 철학

지금까지 발표된 것으로 보아 과학과 철학의 차이점은 경험과 비경험, 부분과 종합, 지엽(枝葉)과 근원(根源), 사실과 의미, 검증 가능과 검증 불가능, 특수성과 전체성 등으로 구분해 온 경우가 있었습니다. 그러나 철학 편에 있는 비경험, 종합, 근원, 의미, 검증 불가능, 전체성 등은 그 단어 자체의 애매한 이미지에 의하여 철학의 개념을 애매한 것으로 만들어 버렸습니다. 만약 철학의 정의가 새롭게 달라진다면 철학과 과학과의 관계도 역시 재정립되어야만 할 것입니다.

위에서 이미 언급했듯이 철학이란 '주체적 행위인식의 총체'라고 정의되었을 때, 과학과는 어떤 차이점을 가지게 될 것인가를 두고 몇 가지 중요한 주제를 가지고 비교 검토해 보기로 하겠습니다.

1) 목적

과학은 경험을 토대로 실재에 대한 사실의 진리를 탐구하는 것을 목적으로 하는 데 비해서 철학은 경험, 비경험을 묻지 않고 행위 대상의 선(善)을 실현하기 위한 인식을 제공하는 것을 목적으로 합니다.

2) 연구 대상

과학은 인간이 감각으로 경험할 수 있는 모든 실재를 그 연구 대상으로 할 수 있는 데 비해서 철학은 인간이 행위 하는 영역에 한해서만 그 대상이 가능합니다. 예를 들면 과학은 물리학, 화학, 천문학, 지리학, 생물학, 동물학 등의 자연과학과 사회학, 법률학, 정치학, 경제학, 경영학 등의 인문 사회과학이 모두 가능하지만, 철학은 이 중에서 자연과학에는 관계할 수 없습니다. 인문 사회과학은 인간에 의해서 만들어진 문화 현상을 탐구하는 것이기 때문에 인간의 행위가 필연적으로 개입되어 있으므로 철학이 가능하게 되지만, 자연과학은 인간의 행위와 관계없이 존재하는 것이기 때문에 철학은 불가능합니다. 따라서 정치철학, 교육철학은 있되 생물철학, 천문철학이 없는 이유가 바로 여기에 있는 것입니다.

3) 학문의 형태

과학의 명제는 '~은 ~이다.'로 표현되는 데 비해서 철학의 이론은 '~은 ~이 좋다.'라는 형태로 표현됩니다. 한 가지 예를 들어서 의학(醫學)의 경우 의과학(醫科學)과 의철학(醫哲學)으로 분류할 수가 있는데, 의과학은 해부학, 생리학, 병리학, 기생충학, 영양학 등의 인체에 관련된 사실 인식의 학문이고, 의철학은 인체의 병을 어떻게 하면 고치고 건강하게 생활할 수 있는가를 연구하는 학문입니다. 해부학에서 '우리의 두뇌는 좌뇌와 우뇌로 갈라져 있다'라고 하면, '~은 ~이다.'의 과학적 명제가 됩니다. 하지만 '감기에 들었을 때 치료 방법에는 휴식을 취하고, 해열 진통제 복용, 다량의 수분 섭취, 보온 등이 좋다.'라고 하면 '~은 ~이 좋다.'의 철학적 명제가 되는 것입니다.

'대상(對象)이 어떻게 있는가?'라는 과학적 사실 탐구와 '대상을 어떻게 하면 좋은가?'라는 철학적 사실 탐구를 구분한다면 우리가 흔히 응용과학(應用科學)이라고 하는 공학(工學), 의학(醫學), 농학(農

學), 해양학(海洋學) 등은 당연히 기초과학(基礎科學)과 응용철학(應用哲學)으로 세분해야 합니다. 철학의 새로운 약속은 필연적으로 학문의 새로운 분류를 요구하고 있는 것입니다.

우리는 현대의 산업 발전을 과학 기술의 개가(凱歌)라고 이야기하지만, 기술과 방법의 문제는 과학이 아니라 철학인 것을 알아야 합니다.

우리는 더 좋은 것을 생산해내기 위해서 과학을 이용한 것에 불과합니다. 다만 기술과 방법의 행위 인식은 과학적인 사실 인식에 따라 달라질 수 있기 때문에 공동보조를 맞춰나가면서 발전하고 있는 것입니다.

9. 진·선·미 가치와 철학

사전에 의하면 '가치란 우리의 욕망을 채워주는 것, 어떤 목적을 달성하는 데 필요하다고 느끼는 것, 다시 말하면 우리의 정적(靜的) 또는 의적(意的)인 욕구를 말한다.' 또한 '모든 가치는 절대적 가치를 기초로 삼고 있는데 그 절대적 가치라 하면 일반적으로 진(眞), 선(善), 미(美)를 말한다. 여러 가지 기계의 발명이며 건축과 생활의 도구를 비롯하여 법률, 경제, 정치 등 사회적 문화 또는 철학, 예술, 도덕 등 정신적 문화는 모두 가치를 실현하기 위하여 이루어진 것이다.'라고 되어있습니다.

그렇다면 과학과 철학, 예술은 진, 선, 미 가치와 어떤 상호 관련성을 갖는지를 아래와 같이 도표로 그려보았습니다. 즉, 인간이 추구하는 3대 기본가치를 일반적으로 진, 선, 미로 규정할 때 우리는 각각 과학과 철학, 그리고 예술에 그 담당 영역과 사명을 부여한다는 것입니다. 과학의 산물은 진리에 대한 객관적 인식으로서 지식(知識)으로 명명하며, 철학의 산물은 선을 이루는 좋은 인식[2]으로서 지혜(智慧)로, 예술의 산물은 미의 표현으로서 작품(作品)이 되는 것입니다.

또한 진(眞), 미(美)를 포함하는 인간의 모든 가치 추구에는 필연적으로 선(善)에 대한 행위 인식의 문제가 개입되어 있으며, 이것이야말로 다양한 문화와 행위 영역 속에 철학이 제각기 존재하는 결정적인 이유인 것입니다.

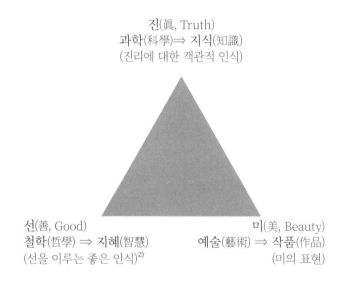

진(眞, Truth)
과학(科學)⇒ 지식(知識)
(진리에 대한 객관적 인식)

선(善, Good)
철학(哲學) ⇒ 지혜(智慧)
(선을 이루는 좋은 인식)[2]

미(美, Beauty)
예술(藝術) ⇒ 작품(作品)
(미의 표현)

❖ 철학, 그 새로운 약속

'철학이란 무엇인가?'에 대해서 수천 년 역사의 수많은 철학자가 이 문제와 씨름해 왔지만, 속 시원한 해결을 보지 못했다는 것은 무

---

2) 원문에는 '선에 대한 실천적 인식'

엇을 뜻하겠습니까?

많은 사람은 그것을 검증(檢證)의 문제로 생각하고서는 검증 불가능하니까 정의 또한 불가능하다고 말하기도 합니다. 그러나 저는 정의 불가능이라고 짐짓 단정을 짓기 전에 다시 한번 곰곰이 생각해 본 결과, 검증의 차원을 떠나서 사회적 약속의 재창출이라는 과정을 거친다면 해결의 실마리가 보일 수도 있다는 점에 착안을 해봤습니다. 대개 정의라 함은 '검증'과는 그 내용을 달리하고 일종의 '약속'이라고 생각됩니다.

예를 들어, 우리가 '과학이란 무엇인가?' 또는 '예술이란 무엇인가, 정치란 무엇인가, 사랑이란 무엇인가?'라고 할 때 그것을 검증하려 드는 사람은 없을 것입니다. 사람들이 이해하기 쉽도록 그 실체를 설명하는 것이며, 그것은 사회적 공감대를 바탕으로 이루어집니다.

철학은 역사학, 물리학, 생물학, 수학과 같은 개별 학문의 차원에서 명명된 것이 아니라 과학을 지칭할 때와 같이 어떤 학문적 형태의 총칭을 얘기합니다.

그래서 어떤 특정한 대상을 연구하지 않는 과학자가 있을 수 없듯이 어떤 특정한 대상을 연구하지 않는 철학자란 있을 수 없다고 생각합니다. '철(哲)' 자를 학문적 연구 대상으로 풀이하려고 애쓰는 것은 '과(科)' 자를 연구 대상으로 이해하려는 것과 같은 의미라고 생각합니다.

wisdom and philosophy note

Contents

chapter 1 │ 지혜란 무엇인가

chapter 2 | 7080 철학노트

chapter 1.

–

지혜란 무엇인가

지혜란 선을 이루는 좋은 인식이다

지 혜

알면 좋아지고
모르면 나빠집니다.
알면 일이 되고
모르면 일이 안 됩니다.

알면 이기고
모르면 집니다.
알면 건강하고
모르면 병듭니다.
알면 행복하고
모르면 불행합니다.

잘되는 것과 잘못되는 것은
신(神)께서 주관하시는 섭리와
우리 사람의
생각과 말과 행동
마음과 몸과 환경에
달려 있습니다.

그것은
전부 다 알 수 없고
전혀 모를 수도 없는
삶의 영원한 수수께끼입니다.

철학이란

철학(哲學)이란 무엇입니까?
삶의 지혜(智慧)를 얻기 위한 학문입니다.

지혜란 무엇입니까?
선(善)을 이루는 좋은 인식(認識)입니다.

선이란 무엇입니까?
여기에서 선이란 '도덕적인 선(善)'을 한정해서 말하는 것이 아니라 일반적인 '좋음(good)'을 뜻합니다.
즉, '좋은 집, 좋은 정치, 좋은 교육…'이라고 할 때의 선입니다.

좋다는 것은 무엇입니까?
'좋다'는 것은 말로 표현하기가 어려운 정서적인 느낌입니다.

삼육철학이론(三六哲學理論)

철학의 3대 지혜는
문제를 설정하는 지혜
문제의 본질을 아는 지혜
문제를 해결하는 지혜이며
이를 각각
목적론, 본질론, 방법론이라 합니다.

철학의 6가지 조건은
육하원칙(六何原則)으로 분류되며
누가, 언제, 어디서, 무엇을, 어떻게, 왜라는
조건에 의해서
선의 기준점이 달라집니다.

삼론(三論) 육하원칙의 지혜는
다시 목적격과 소유격으로 나누어지며
무엇을 위한 지혜인지와
무엇에 의한 지혜인지가
분명해야 합니다.

이 세상의 모든 철학은
이 36가지 요소의 조합으로써 이루어진다고 봅니다.

개똥으로 생각해 보는 36철학

개똥철학의 본질론은
개똥이란 무엇인가
개똥철학의 목적론은
개똥의 목적은 무엇인가
개똥철학의 방법론은
개똥을 어떻게 하면 좋은가 하고 묻습니다.

어떤 사람을 위한 누구의 개똥철학인지
어떤 때를 위한 언제의 개똥철학인지
어떤 장소를 위한 어디서의 개똥철학인지
어떤 대상을 위한 무엇의 개똥철학인지
어떤 방법을 위한 어떻게 하는 개똥철학인지
어떤 목적을 위한 왜 그런 개똥철학인지를 알아야 합니다.

개똥철학의 법률주의는
개똥의 문제를 법률로써 해결하려는 것이고
개똥철학의 자연주의는
개똥의 문제를 자연 상태 그대로 두는 것입니다.

건강철학의 개똥주의는
건강을 위해서 개똥을 약으로 쓰는 것이고
농사철학의 개똥주의는
농사를 위해서 개똥을 거름으로 쓰는 것입니다.

육하원칙에 따른 철학의 분류

누가(who, 사람)
소크라테스철학, 칸트철학, 니체철학. 듀이철학 등

언제(when, 시기)
고대철학, 중세철학, 현대철학, 21세기철학 등

어디서(where, 장소)
한국철학, 독일철학, 인도철학, 동양철학, 서양철학 등

무엇을(what, 대상)
정치철학, 경영철학, 교육철학, 법철학, 인생철학 등

어떻게(how, 내용)
프래그머티즘, 실존주의, 계몽주의, 경험주의 등

왜(why, 목적)
철학의 목적은 '선(善)의 실현'입니다.
따라서 선의 실현을 목적으로 하지 않는다면 '철학'이라고 지칭
할 수가 없을 것입니다.

철학의 목적격과 소유격

듀이 교육철학은
듀이식 교육에 관한 지혜이고
21세기 사회철학은
21세기 사회에 관한 지혜이며
한국 정치철학은
한국 정치에 관한 지혜입니다.

듀이의 교육철학은
교육에 관한 듀이의 지혜이고
21세기의 사회철학은
사회에 관한 21세기의 지혜이며
한국의 정치철학은
정치에 관한 한국의 지혜입니다.

칸트 철학은
칸트 개인에 관한 지혜이고
칸트의 철학은
어떤 대상에 대한 칸트의 지혜입니다.

문제의 조건으로서의 철학은 목적격이고
답의 조건으로서의 철학은 소유격입니다.

철학의 문제

철학은 지혜의 학문입니다

인생의 기획
건강의 증진
과학의 연구
예술의 창작
정치의 정책
교육의 과정
도시의 계획
건축의 설계와 시공
법률의 입법과 집행
사고와 생활의 방식
제품의 아이디어
옷의 디자인
바둑의 행마
스포츠게임
컴퓨터 프로그램
공부의 학습법
기타 등등….

인간의 모든 행위와 문제에 대해
선을 실현하는 학문입니다.

철학의 현장

철학은 우리 삶의 현장에 있습니다.

과학자의 연구실에
음악가의 콘서트에
화가의 화실에
정치가의 회의실에
법원의 법정에
병원의 진료실에
학교의 교실에
건축가의 공사현장에
물건 파는 가게에
언론사 편집실에
공공청사의 집무실에
운동 경기하는 스타디움에
근로자의 작업실에
농민들의 일터에
가정의 거실에
기타 등등….

그리고
하는 일을
지혜롭게 잘하고 있는지를 묻습니다.

철학교육

유년기, 소년기, 청년기에는
각각 그에 알맞은 삶의 지혜가 필요합니다.

단계마다
지혜를 가르치는 선생님의 도움과
선생님을 양성하는 교육과정과
철학교육을 담당할 인재가 필요합니다.

삶과 일의 선(善)에 대한
지혜와 철학에 관심을 둘 때입니다.

대통령과 대통령 철학

대한민국의 대통령 철학에는
적합한 사람을 대통령에 당선시키는 지혜와
대통령으로서 정치를 잘하는 지혜가 있습니다.

아름다운 예술 철학에는
창작하는 지혜와
작품을 잘 감상하는 지혜가 있습니다.

사실 인식의 과학 철학에는
어떤 사실을 새롭게 발견하는 지혜와
그 발견된 지식을 잘 이해하는 지혜가 있습니다.

좋은 옷과 좋은 음식과 좋은 집의 철학에는
제각기 그것을 만드는 지혜와
그것을 잘 누리는 지혜가 있습니다.

철학의 급수(級數)

인생을 잘 살기 위해
인생철학을 연구합니다.

과학과 예술을 잘하기 위해
그 분야의 철학이 있습니다.

자장면에는
자장면 철학이 있습니다.

철학이란
어떤 대상을 좋게 하려는 의지와
그에 대한 지혜에서 비롯됩니다.

그러기에
철학에도 급수가 있습니다.
바둑이나 태권도처럼

지혜의 질(質)과 양(量)에 따라
철학의 내용이 달라집니다.

철학에 대한 여섯 가지 이유

신철학(神哲學)이란 말이 없는 이유는
철학이란 인간의 문제이기 때문입니다.

삶에 철학이 있고
죽음에는 철학이 없다고 하는 이유는
삶에는 행위가 있고
죽음에는 행위가 없기 때문입니다.

철학의 정신적 가치를 선(善)이라고 하는 이유는
대상이 좋게 설정되고 해결되어야 하기 때문입니다.

개인이나 사회에 철학이 없다고 말하는 이유는
선의 실현에 대한 목적의식이 없거나
좋은 방법의 지혜가 없기 때문입니다.

철학에서 과학이 분리되어 나온 이유는
학문의 연구 과정에 있어서 경험적이고 객관적인 사실 인식의
지식이 딴살림을 차렸기 때문입니다.

칸트 선생님께서 "철학을 가르칠 수 없고, 단지 철학 하는 것을
가르칠 수 있다."라고 말씀하신 이유는 각 사람이나 상황마다
선(善)의 조건이 다르므로 정형화된 일률적인 지혜를 가르칠 수
없기 때문입니다.

시골 쥐의 주거생활 철학

서울 쥐가 시골 쥐를 만나려고 시골로 왔습니다.

시골 쥐가 먹는 음식이 초라한 것을 가엽게 여긴 서울 쥐가 "서울에는 맛있는 음식이 얼마든지 있으니 실컷 먹여 주겠다."라면서 시골 쥐를 서울로 초대하여 음식이 풍부한 부엌으로 데리고 가서는 그곳에 쌓여 있는 음식을 마음껏 먹으라고 했습니다. 음식을 먹으려고 할 때마다 사람이 들어오는 바람에 번번이 도망하느라고 제대로 먹지 못하고 배만 곯게 된 시골 쥐는 서울 쥐에게 "맛있는 것이 아무리 많다 해도 마음 편히 먹을 수 없는 여기보다 초라하더라도 속 편히 살 수 있는 시골이 더 낫다."라고 말하고는 돌아가 버렸답니다.[3]

시골생활을 선택한 시골 쥐의 주거생활 철학은 '시골주의'가 아닐까요?

---

3) 한국 구비문학 대계(한국정신문화연구원 1980~1986)

선악의 기원

선악의 기원은
심신행환(心身行環)입니다.

마음에 좋은 것은
좋은 것이고
몸과 행동과 환경에 좋은 것은
좋은 것입니다.

마음에 나쁜 것은
나쁜 것이고
몸과 행동과 환경에 나쁜 것은
나쁜 것입니다.

심신행환을 좋게 하는 것
그것은 지혜입니다.

선악의 기준

인생은
잘살면 선(善)이고 못살면 악(惡)입니다.

교육, 정치, 사업, 건축, 예술도
잘하면 선이고, 못하면 악입니다.

선과 악은 상대적이며
사람과 때와 장소와 대상과 목적과 방법에 따라
달라질 수 있습니다.

선과 악의 기준점은
보다 나은 선과 보다 못한 악의
중간선상(中間線上)에 있습니다.

성(性)과 선악에 대한 설(說)

고자(告子)
성(性)이란 마치 급류와 같으니 동(東)으로 물길을 트면 동으로
흐르고, 서(西)로 물길을 트면 서로 흐르는 것이다.
인성에 선(善)과 불선(不善)의 구분이 없는 것은 마치 물길에 동서
의 구분이 없는 것과 같다.
성(性)에는 선도 없고 불선도 없고 생(生) 그 자체가 성(性)이다.

공자(孔子)
타고난 품성은 서로 비슷하나 습관이 서로를 차이 나게 한다.

맹자(孟子)
인성은 본래 선하다.

순자(荀子)
인성은 본래 악하다.

근호(根澔)
삶의 한 뿌리에서 환경과 내외적 여건에 따라 좋고 나쁜 선악의
가지가 자란다.

선악의 다양한 속성

속담
성인(聖人)도 시속(時俗)을 따른다.
듣기 좋은 꽃노래도 한두 번이다.
때로는 지는 것이 이기는 것이다.
좋을 때는 좋은 것을 모른다.

한자성어
고진감래(苦盡甘來)
새옹지마(塞翁之馬)
전화위복(轉禍爲福)
호사다마(好事多魔)
과유불급(過猶不及)
화무십일홍(花無十日紅)

논어
선악개오사(善惡皆吾師)

근호
선(善)으로 기쁨을 얻고, 악(惡)에서 지혜를 얻는다.

Being & Well-Being

이 세상에 태어난 모든 생명체는
본질적으로 두 가지 사명을 가진다고 봅니다.

첫째는 개체를 보존(being)하는 것이고
둘째는 개체를 더욱 잘 보존(well-being)하는 것입니다.

동서고금의 역사와 인류문화는
여기에 초점이 맞추어져 있는 것이 아닐까요.

이 생명체의 being & well-being에
보탬이 되는 방향이 선이고
그 역할을 하는 것이 지혜입니다.

그리고
'영웅(英雄)'이란 칭호는
자기 종족의 being & well-being을 위해
크게 공헌한 사람에게 주는
최고의 명예입니다.

창조(創造)와 피조(被造)

부모가 자식을
자식이 부모를 만듭니다.

사람이 옷과 음식을
옷과 음식이 사람을 만듭니다.

사람이 집을
집이 사람을 짓습니다.

사람이 컴퓨터와 자동차를
컴퓨터와 자동차가 사람을 만듭니다.

사람이 책을
책이 사람을 만듭니다.

바꾸고 싶은 속담

사촌이 땅을 사면 축하 인사를 한다.
(사촌이 땅을 사면 배가 아프다.)

사람은 살면서 업적을 남기고, 호랑이는 살면서 새끼를 남긴다.
(사람은 죽으면 이름을 남기고, 호랑이는 죽으면 가죽을 남긴다.)

암탉이 울면 집안에 경사가 생긴다.
(암탉이 울면 집안이 망한다.)

말은 나면 훈련을 시키고, 사람은 나면 지혜를 가르쳐라.
(말은 나면 제주도로 보내고, 사람은 나면 서울로 보내라.)

나 못 먹는 밥은 남이라도 먹도록 한다.
(나 못 먹는 밥은 재나 뿌리지.)

올라가지 못할 나무에는 사다리를 놓아라.
(올라가지 못할 나무는 쳐다보지도 마라.)

여자가 한을 품으면 올림픽 금메달 딴다.
(여자가 한을 품으면 오뉴월에도 서리가 내린다.)

가난은 근면, 자조, 협동의 새마을 정신으로 구제한다.
(가난 구제는 나라도 못 한다.)

바꾸고 싶은 단어

학교(學校) ⇒ 각교(覺校), 교학(敎學)
(주체적인 깨달음과 선생님의 가르침을 강조하는 의미에서)

노동(勞動) ⇒ 근로(勤勞)
(고달프고 힘들게 일하는 이미지에서 건전하게 자발적으로 일하는 이미지로 전환하는 의미에서)

노동조합(勞動組合) ⇒ 근로자협회(勤勞者協會)
(투쟁적이고 특정 정치에 편중된 태도를 벗어나서 순수한 목적의 근로자 단체를 지칭하는 의미에서)

농부(農夫) ⇒ 농민(農民), 농업인(農業人)
어부(漁夫) ⇒ 어민(漁民), 어업인(漁業人)
광부(鑛夫) ⇒ 광민(鑛民), 광업인(鑛業人)
잡부(雜夫) ⇒ 일반노무자, 임시근로자, 도우미
(해당 직업인을 존중하는 의미에서)

지혜계(智慧契)

계(契)는
한국 전래의 협동조직으로서
공동가치의 실현
공동사업의 수행
집단결속
친목유지
사회보장 등의
다양한 목적과 형태로 운영됩니다.[4]

지혜계란
제각기 가지고 있는 지혜와
노하우를 함께 나누고
그것을 연구 발전시키기 위해 조직됩니다.

또한 다른 여러 가지 계나 모임에도
이를 접목하여 응용함으로써
좀 더 생산적이고 유익한 방향으로
만남의 문화가 개선되었으면 좋겠습니다.

---

4) 다음 백과사전 참조

대한민국 교육철학

과거 봉건국가 체제에서 교육의 목적은
임금이 나라를 다스리는 데 도움이 되는
관리를 양성하는 것이었습니다.

일제시대의 교육은
천황에 충성하고 군국주의에 동조하는
신민(臣民)을 기르는 데 목적이 있었습니다.

대한민국의 교육철학은
우리가 설정하는 국가목표에 부합되어야겠습니다.

"선진통일복지국가의 민주시민!"

자유롭고 창의적인 사람들의 노력에 의해
주어진 역사의 과업을 성취하고
생활수준을 향상시키려는
우리의 꿈은 실현될 수 있을 것입니다.

꿈들의 경쟁

사람들은 살면서
많은 꿈을 꿉니다.
자면서도 꿈꾸고
깨어나서도 꿈꿉니다.

성공과 실패의 꿈
승리와 패배의 꿈
건강과 질병의 꿈
행복과 불행의 꿈

꿈과 현실이 힘겨루기를 합니다.
내 마음속의 이런저런 꿈에도 갈등이 생깁니다.
나의 꿈과 남의 꿈이 충돌을 일으킵니다.

좋은 꿈이든 나쁜 꿈이든
꿈이 이루어지면
꿈같은 현실이 됩니다.

정답과 선답

지혜에 올바른 정답(正答)이란 없습니다.
오직 좋은 선답(善答)이 있을 뿐입니다.

정답을 요구하는 것은
철학의 영역이 아닙니다.

철학에는
99%의 확률을 가진 선답은 있어도
100%의 확률을 가진 정답은 없습니다.

첨단 우주과학의 상징인
아폴로 우주선의 발사가
반드시 '달 착륙'으로 이어지지는 않습니다.

아폴로 우주선은
달나라에 가고 싶어 하는 인간의 꿈이
만들어낸 발명품으로서
고도(高度)의 과학주의에 의한
철학의 문제인 것입니다.

어떤 목적을 가지고 과학을 이용하는 것과
사실 인식 자체를 목적으로 하는 것은 차원이 다릅니다.

과학과 철학

과학은 자연의 사실(事實)을 묻고
철학은 인간의 행위(行爲)를 묻습니다.
과학의 답은 등호(等號)로써 표시할 수 있으나
철학은 그렇지 못합니다.

과학의 명제는 '~이다.'이고
철학의 명제는 '~좋다.'입니다.
과학은 존재(存在)의 세계이고
철학은 능력(能力)의 세계입니다.

과학은 발명된 지혜의 사실관계를 분석하기도 하고
철학은 발견된 지식을 이용하는 능력이기도 합니다.
과학은 만들어지는 것이고
철학은 만들어가는 것입니다.

과학은 공학의 기초 지식(知識)이고
철학은 공학의 응용 지혜(智慧)입니다.

과학은 역사의 엄연한 사실(史實)이고
철학은 역사를 바라보는 사관(史觀)입니다.

과학자가 가진 꿈은 그의 철학이고
철학자가 가진 꿈도 그의 철학입니다.

진·선·미 가치와 철학

진(眞, Truth)

과학 ⇒ 지식(知識)

(진리에 대한 객관적 인식)

선(善, Good)

철학 ⇒ 지혜(智慧)

(선을 이루는 좋은 인식)

미(美, Beauty)

예술 ⇒ 작품(作品)

(미의 표현)

　사람이 추구하는 3대 기본가치를 일반적으로 진·선·미로 규정할 때 과학과 철학과 예술에 각각 그 담당 영역과 사명을 부여합니다.

　과학의 산물은 진리에 대한 객관적 인식인 지식이고, 철학은 선을 이루는 좋은 인식으로서 지혜이며, 예술은 미의 표현으로서 작품입니다.

　또한 진(眞), 미(美)를 포함하는 인간의 모든 가치 추구에는 필연적으로 선(善)을 이루는 좋은 인식의 문제가 개입되어 있으며, 이것이야말로 다양한 문화와 행위, 문제와 선택의 영역 속에 철학이 제각기 존재하는 결정적인 이유입니다.

일선우일선(日善又日善)

❖ 일선우일선(日善又日善)
어제보다 나은 오늘
오늘보다 나은 내일

❖ 인생과 철학
인생은 우리가
태어나서 살아가는 것이고
철학은 우리가
보다 잘 살려는 의지 때문에 존재합니다.

❖ 지구와 철학
지구(地球)를 알려면
지구 밖에서도 봐야 합니다.
우주(宇宙)와 시공간(視空間)도 그렇고
철학 역시 그렇지 않을까요.

❖ 식약식독(食藥食毒)
잘 먹으면 약이 되고
잘못 먹으면 독이 됩니다.
좋은 공기를 마시면 약이 되고
나쁜 공기를 마시면 독이 됩니다.

SOS 서울

대한민국 수도 서울은
나쁜 공기로 인해
활기를 잃어버렸습니다.

자연의 신선한 공기 대신에
각종 오염된 공기로 가득 차있고
그런 공기를 매일 숨 쉬며 살아가는
사람들의 얼굴 표정은
마치 소금에 절인 배추처럼
오염된 공기에 절여져 보입니다.

서울은 한국의 인재(人才)를 불러들이고
또한 그들을 병들게 합니다.

나쁜 공기에 의한 폐해는
자라는 어린이들에게 훨씬 더 심각합니다.
서울뿐만 아니라
공기 나쁜 곳에서 생활하는 모든 사람에게
SOS 경보를 타전합니다.

공기 좋은 시골에서
풋풋한 자연의 혜택을 듬뿍 누리면서
씩씩하고 건강하게 사세요.

자연주의(自然主義)

자연에서 느끼는 아름다움은
편안하고 쉽게 변하지 않습니다.
무심(無心)한 상태에서
자연스럽게 표현된 예술을
사람들은 좋아합니다.

자연스러운 건축
자연스러운 옷맵시
자연의 건강한 먹거리

자연스러운
출산과 육아와 교육

자연 속에서
무리하지 않고
순리(順理)대로 산다는 것

18세기 프랑스의 사상가 루소(Rousseau)는
"자연으로 돌아가라."라고 말했습니다.

건강한 자연주의는
언제나 우리 마음속의 고향 같은 철학입니다.

chapter 2.

–

7080 철학노트

독서는 다만 지식을 제공할 뿐,

그것을 자기 것이 되게 하는 것은 사색의 힘이다.

— J. Locke.

독서(讀書)에 대하여

■ 데카르트(Descartes, R., 1596~1650, 프랑스의 철학자·수학자)

좋은 책을 읽는 것은 과거의 가장 뛰어난 사람들과 대화를 나누는 것과 같다.

■ 에디슨(Edison, T. A., 1847~1931, 미국의 발명가)

독서가 인간의 정신에 끼치는 영향은 운동이 사람의 몸에 끼치는 것과 마찬가지로 중요하다.

운동을 하면 몸이 튼튼하고 건강해지는 것처럼 독서는 슬기로운 생각과 판단력을 길러주는 바탕이 된다.

■ 소크라테스(Sokrates, BC 469~399, 그리스의 철학자)

다른 사람이 쓴 책을 읽는 일에 시간을 투자하라. 그가 고생한 것을 보고 배움으로써 쉽게 자기를 개선시킬 수 있다.

■ 처칠(Churchill, W, 1874~1965, 영국의 정치가)

심심파적으로 책을 읽겠다는 사나이와 마음에 허탈을 주지 않으

려고 책을 읽겠다는 사나이와의 사이에는 메울 수 없는 큰 간격이
있다.

▧ 스마일즈(Smiles, S., 1812~1904, 영국의 문필가·의사)
  사람의 품격은 그 사람의 읽는 책에 의하여 판단할 수 있다.

▧ 셰익스피어(Shakespeare,W., 1564~1616, 영국의 극작가)
  좋은 책을 읽는 좋은 독자는 좋은 작가만큼 드물다.

▧ 맹자[孟子, BC 372~289, 중국 유가(儒家)의 확립자]
  책이라고 하여 아무것이나 마구 읽는 것은 차라리 하나도 읽지
않는 것만 같지 못하다. 책은 여러 책 중에서 우리의 생활에 유익하
고 정신에 도움이 되며, 지식에 보탬이 되는 것들을 잘 가려 읽어야
그 보람이 있다.

▧ 로크(Locke, J., 1632~1704, 영국의 철학자·사상가)
  독서는 다만 지식을 제공할 뿐, 그것을 자기 것이 되게 하는 것은
사색의 힘이다.

▧ 김은우(저서 『새 사상과 교육』)
  책이라는 것은 사람이 언제나 또 어디나 혼자 들고 다니며 혼자
서 책 읽기에 골몰하게 되어 있기 때문에 자기만을 따로 지키는 개
인주의가 되지 않을 수 없었다는 이야기다. 그뿐만이 아니라 책을
읽는 데서 개인주의 외에 부산물로 나온 것이 바로 아는 지식과 행
동이 서로 분리되어 버리는 데서 이중인격이 생겨나게 된 경유도 밝
히고 있다.

책이 없다면, 인간의 가장 심오한 사상과 그의 가장 고매한 업적을 적어 놓은 기록물이 없었다면 세대마다 구전(口傳)이라는 부적당한 도움만을 가지고 자기의 힘으로 과거의 진리를 재발견해야 할 것이다.

정의(正義)에 대하여

◾ 플라톤(Platon, BC 427~347, 그리스의 철학자)

정의란 자기에게 알맞은 것을 소유하고 자기에게 알맞게 행동하는 것이다.

모든 사람이 정의보다 부정의가 개인에게 훨씬 더 이롭다는 것을 진심으로 믿고 있다.

이성의 지배를 받는 사람은 결코 비도덕적으로 행동하지 않으리라는 것이다. 비도덕적으로 행동하는 사람의 정신은 올바른 질서를 가지지 못하고 있음이 틀림없다.

철학자들이 왕이 되거나 왕이 철학자가 되지 않는 한, 이 세계에는 정의가 실현되지 않는다.

정의의 형상마저도 그 아래 종속하게 될 궁극적인 형상은 선(Good)의 형상이다.

◾ 라스키(Laski, H, J., 1893~1950, 영국의 정치사상가)

사람은 자기가 도덕적으로 정당하다고 믿는 일을 반드시 해야 한다.

부정을 바로 눈앞에 보고서도 침묵을 지키는 자는 실제로 그 공범자이다.

■ 소크라테스(Sokrates, BC 469~399, 그리스의 철학자)
부정을 행하려고 하지 않는다는 것은 그것 자체가 정의의 충분한 발현이다.

■ 맹자[孟子, BC 372~289, 중국 유가(儒家)의 확립자]
선비는 궁하여도 정의를 잃지 않으며, 영달하여도 정도(正道)를 떠나지 않는다. 궁하여도 정의를 잃지 않으므로 선비는 자기의 본질을 지키게 되며, 영달하여도 정도를 떠나지 않는 까닭에 백성은 희망을 잃지 않는 것이다.

■ 에피쿠로스(Epikuros, BC 341~270, 그리스의 철학자)
정의가 가져다주는 최대의 수확은 마음의 평정이다.

■ 박상화[저서 『정이(正易)를 바탕으로 한 영가와 평화유희』]
비리, 불의에 의하여 아무리 향락 생활을 한다 할지라도 그의 마음은 항상 불안에 사로잡혀 있을 것이다. 그러한 사람은 헛되이 무의미한 일생을 보낼 수밖에 없다.

■ 아인슈타인(Einstein, A., 1879~1955, 미국의 이론물리학자)
일반적으로 물질적이라고 비난받는 이 시대에, 지적이며 도덕적인 분야에 생의 전 목표를 내거는 사람을 영웅처럼 생각한다는 것은 환영할 만한 일일 것입니다. 이는 인류 대부분이 지식과 정의를 금력과 권력보다 더 높이 평가하고 있다는 것을 증명해 주는 것입니다.

인간의 정의와 위엄을 보지(保持)하기 위하여 싸움이 불가피하다면 우리는 감연히 싸우지 않으렵니까. 우리가 만일 그와 같은 행위로 나선다면 인간성의 기쁨에 젖을 수 있는 상태로 머지않아 되돌아 갈 것입니다.

나는 굳게 믿는 바입니다마는 인간 상태를 개선하는 것에 대하여 타산적인 정치적 영리함보다도, 정의와 진리에의 열정적인 의지 쪽이 이제까지 더욱 많은 공헌을 하여 왔습니다.

▨ 파스칼(Pascal, B., 1623~1662, 프랑스의 사상가·수학자)
어째서 사람은 다수의 편을 따르는가. 그편에 올바름이 많이 있기 때문인가? 그렇지 않다. 힘이 있기 때문이다.

정의는 논의의 대상이 되기 쉽다. 힘은 쉽사리 승인되며 여러 말이 필요 없다.

▨ 포프(Pope, A., 1688~1744, 영국의 시인)
정직한 사람은 하느님의 가장 고상한 작품이다.

▨ 존슨(Jonson, B., 1572~1637, 영국의 극작가·시인)
비열한 행위를 두려워하는 것은 용기이다.

▨ 한완상(韓完相, 1936~, 한국의 정치인·복지단체인)
사랑은 가정 공동체의 기초가 되지만, 정의(正義)는 사회 공동체의 기초가 된다. 사랑이 정의로 이어져야만 비로소 가정과 전체 사회가 다 함께 따뜻하고 튼튼한 공동체가 될 수 있다.

우정(友情)에 대하여

▨ 존슨(Jonson, B., 1572~1637, 영국의 극작가·시인)

인생의 즐거움 가운데 우정보다 더 나은 것은 없다.

▨ 베이컨(Bacon, F., 1561~1626, 영국의 정치가·철학자)

친구가 없으면 세계는 황야(荒野)에 지나지 않는다.

▨ 키케로(Cicero, M. T., BC 106~43, 로마의 정치가·철학자)

대체로 우정이라는 것은 사람의 재간이라든가 나이가 확실히 정해진 뒤에 정해지는 게 정말 우정이며, 젊었을 때 사냥이나 놀이에 열중했던 사람이 그 당시의 놀이 친구를 노년이 되어서도 친구로 삼아야 할 까닭은 없다.

▨ 헤시오도스(Hesiodos, BC 8세기경, 고대 그리스 시인)

친구를 이리저리 바꾸는 것은 하찮은 남자가 하는 것이다.

▧ 소크라테스(Sokrates, BC 469~399, 그리스의 철학자)

　사람은 친구와 적(敵)이 없어서는 안 된다. 친구는 나에게 충고를 주고, 적은 나에게 경계를 준다.

▧ 테니슨(Tennyson, A., 1809~1892, 영국의 시인)

　적을 만들지 않는 사람은 또한 결코 친구도 만들지 않는다.

▧ 라스키(Laski, H, J., 1893~1950, 영국의 정치사상가)

　나는 결코 부(富)라든가 권력을 추구하려고 하지 않았다. 내가 추구하려 한 것은 오직 친한 친구와의 사귐이었다.

행복(幸福)에 대하여

■ 나폴레옹(Napoleon, B., 1769~1821, 프랑스의 황제)

행복이란 그 사람의 희망과 재능에 꼭 알맞은 일이 있는 상태를 말한다. 불행이란 일할 에너지를 가지고 있으면서도 할 일이 없는 상태를 말한다.

■ 지드(Gide, A., 1869~1951, 프랑스의 작가)

행복해지는 비결은 쾌락을 얻으려고 한결같이 노력하는 것이 아니라 노력, 그 자체 속에서 쾌락을 찾아내는 것이다.

■ 아인슈타인(Einstein, A., 1879~1955, 미국의 이론물리학자)

사람은 누구나 다가올 미래에 대하여 궁금하게 생각하지만 그렇다고 지나치게 생각할 필요는 없다. 현재를 보다 충실하게 살아가면 미래에도 자연히 행복하게 살 수 있게 될 것이다.

▨ 출처 미상

행복이나 불행의 원인은 사실은 아무것도 아니다. 모든 것은 우리들의 육체와 그 작용에 원인이 있는 것이다.

인간은 마음으로 바라는 것, 그리고 창조하는 것에 의해서만 행복한 것이다.

▨ 하이네(Heine, H., 1797~1856, 독일의 시인)

나는 진보(進步)라는 것을 믿는다. 인류가 행복해 질 수 있는 운명을 타고났음을 믿는다.

▨ 프랑스(France, A., 1844~1924, 프랑스의 작가·비평가)

이 세상에서 참다운 행복은 물건을 받는 것이 아니라 물건을 주는 것이다.

▨ 칼라일(Carlyle, T., 1795~1881, 영국의 사상가)

자기의 할 일을 찾아낸 사람은 행복하다. 그에게 다른 행복을 찾게 해서는 안 된다.

이기심(利己心)은 모든 잘못과 불행의 원천이다.

▨ 그리스 속담

건강과 지혜는 인생의 최대 행복이다.

▨ 데모크리토스(Demokritos, BC 460?~370?, 그리스의 철학자)

인간이 행복한 것은 육체에 의해서도 아니며, 금전에 의해서도 아니다. 마음의 바름과 지혜의 풍부함에 의해서인 것이다.

▨ 필(Peale, N, V., 1898~1993, 미국의 설교가·작가)

　행복한 사람이 되기 위해서는 평범 속에서 로맨스를 찾는 맑은 정신과 눈을, 어린이의 마음을, 단순한 정신을 갖는 것이 중요하다.

▨ 아리스토텔레스(Aristoteles, BC 384~322, 그리스의 철학자)

　행복이란 최고의 선(善)이다.

▨ 라 로슈푸코(La Rochefoucauld, 1613~1680, 프랑스의 작가)

　이 세상에서 가장 행복한 사람이란 아주 작은 것에 만족하는 사람이다. 위인이나 야심가는 이 점에서 무척 불행하다. 그들을 행복하게 하려면 무한한 재보가 필요한 것이니까.

▨ 세네카(Seneca, L, A., BC 4~AD 65, 로마의 철학자)

　만약 누군가를 행복하게 해 주고 싶은 생각이 있다면 그 사람의 소유물을 늘리지 말고 욕망의 양을 줄여주는 게 좋다.

▨ 샤르돈느(Chardonne, J., 1884~1968, 프랑스의 작가)

　행복에 관한 말을 이다지도 많이 듣지 않았다면 인간은 더욱더 행복했을 것이다.

▨ 힐티(Hilty, C., 1833~1909, 스위스의 철학자·법학자)

　행복과 명예는 여성이다. 그녀들은 그녀들을 뒤쫓지 않고 오히려 다소 냉담하게 다루는 사람을 찾는다.

▨ 서양 속담

　자기를 행복하다고 생각하는 사람은 행복하다.

▨ 도스도예프스키(Dostoevskii,F.,M., 1821~1881, 러시아의 작가)
행복한 인간은 항상 선량하다.

인간이 불행한 것은 자기가 행복하다는 것을 모르고 있기 때문이다.

인간에게는 행복 말고 이와 똑같을 만큼의 불행이 항상 필요하다.

▨ 프로이트(Freud, S, 1856~1939, 오스트리아의 정신의학자)
행복이란 고통이 없는 상태가 아니라 자연 그대로의 상태를 뜻하며, 사람들이 그것을 잘 모르기 때문에 행복이란 것을 파괴해 버린다.

▨ 쇼펜하우어(Schopenhauer, A, 1788~1860, 독일의 철학자)
인간과 행복의 두 개의 적은 고통과 권태다.

▨ 헉슬리(Huxley, A, L., 1894~1963, 영국의 시인·소설가)
불행의 특효약은 없다. 다만 지루한 인내와 단념이라는 미덕이 있을 뿐이다.

▨ 스트린드베리(Strindberg, A., 1849~1912, 스웨덴의 작가)
불행만 계속되면 사람은 모두 늑대가 된다.

▨ 톨스토이(Tolstoi, 1828-1910, 러시아의 작가·사상가)
행복한 가정들은 모두가 서로 비슷하다. 그러나 불행한 가정은 저마다 다른 면에서 서로 불행하다.

■ 파스칼(Pascal, B., 1623~1662, 프랑스의 사상가·수학자)

가장 어렵게 생각되는 고통도 어떤 의미에서는 가장 좋은 선물일 수 있다. 왜냐하면, 그 괴로움이야말로 사람을 참된 행복으로 인도해 주는 다리가 되기 때문이다.

소량의 것만 있으면 현자는 행복해진다. 무엇을 가지고도 우자(愚者)는 만족하지 않는다. 이것이 거의 모든 인간이 비참한 까닭이다.

태반의 우리의 불행은 우리가 우리 자신의 방에 마음을 붙일 수 없는 데서 온다.

■ 크리티아스(Kritias, BC 480~403, 그리스의 철학자)

태어난 이상 죽어가야 하며, 살아있는 동안에는 불행으로부터 도피할 수는 없다. 인간에게 있어서 이 사실 외에 확실한 것은 아무것도 없다.

■ 에우리피데스(Euripides, BC 484~406, 그리스의 극작가)

이 세상에 있다는 것 이상으로 인간에게 있어 즐거운 일은 없다. 저 세상에는 무(無)가 있을 뿐, 죽고 싶다는 생각 따위를 하는 사람은 무언가 잘못돼 있다. 불행한 삶이라도 훌륭한 죽음보다는 낫다.

■ 아인슈타인(Einstein, A., 1879~1955, 미국의 이론물리학자)

깊이 가지 않고 일상생활의 견지에서 보면 우리는 다른 사람을 위하여 존재하고 있다. 첫째로 우리들의 모든 행복이 그들의 웃음이나 안온에 의존하고 있다. 그러한 사람들, 또 다음으로는 개인적으로 우리가 모르는 사람들, 우리는 그러한 사람들의 운명과 마찬가지 사슬로 결합되어 있다.

모든 사람은 그의 노력과 판단의 방향을 결정하는 어떤 원리를 갖고 있다. 이 의미에서 나는 평안과 행복을 그것 자신의 목적이라고 생각하여 본 적은 한 번도 없다. 이런 윤리적 기초는 돼지 떼들에 더 적당하다고 말하고 싶다. 내가 나아가는 길에 빛을 주고 또 즐겁게 인생에 직면하도록 계속 용기를 가져다준 이상은 진(眞), 선(善), 미(美)였다.

같은 마음을 가진 사람에 대한 우정, 예술 및 과학적 연구의 영역에서의 개관적인 것, 영구히 달성할 수 없는 것에 전심하고 몰두할 수 없었다면 인생은 내게 틀림없이 공허한 것이었을 것이다.

▨ 홍문화(洪文和, 1916~2007, 한국의 약학자)
행복해지기 위한 하나의 방법, 그것은 남을 행복하게 해 주는 것이다. 오로지 자기 행복을 찾던 사람들은 모두 실의(失意)에 쓰러지고, 남의 행복을 위하여 자기를 바친 사람에게 결국 행복이 되돌아간다는 사실은 인생의 오묘한 패러독스(paradox: 역설)가 아닐 수 없다.

나에게 어떤 사람이 행복한 사람이냐고 묻는다면 나는 서슴지 않고 '자기가 가장 하고 싶은 일을 하면서 살아가는 사람'이라고 대답하겠다.

사람은 누구나 태어나는 순간부터 뜻과 가치와 사명을 지니고 있다고 나는 생각한다. 내가 아니면 할 수 없는 일, 그것을 위하여 나는 이 세상에 태어났고 그 일을 위하여 나의 모든 것을 아낌없이 바치는 것,

그것이 인생이 아닐까? 이와 같은 사명을 위하여 몸과 마음을 바쳐서 일하노라면 먹고 입는 것은 저절로 주어지는 것이 하늘의 뜻이라고 나는 믿고 있다.

자기 생리에 꼭 알맞은 것, 자기가 가장 좋아하는 길을 택하여 오로지 그 하나의 길로 정진(精進)하는 것이 가장 행복하고 보람있는 삶이 아닌가 생각한다. 한 우물을 깊이 파서 수맥(水脈)에 도달하면 그 물줄기는 인생의 모든 진리의 수원(水源)과 상통되는 수맥이라는 것을 나는 확신하고 있다.

▨ 안병욱(安秉煜, 1920~2013, 한국의 철학자·교육자)

행복은 우연이나 요행의 산물이 아니다. 행복은 길가에 떨어져 있는 돈지갑이 아니요, 우연히 얻어지는 진리가 아니다. 그것은 내 의지와 계획과 노력과 정성으로 쌓아 올리는 피땀의 결정체이다.

우리는 행복해야 할 권리와 의무가 있다. 행복을 무시한 철학은 어딘가 잘못되어 있다. 행복을 망각한 도덕은 창백한 도덕이다. 행복을 부정하는 문명은 병든 문명이다. 행복을 말살하는 사상은 맹목에 가까운 것이다. 우리는 행복에 대하여 좀 더 깊은 관심을 가져야 한다. 우리는 참된 행복이 무엇인가를 알고 행복에 도달하는 방법과 지혜를 열심히 탐구해야 한다.

행복은 가까운 데 있다. 그러므로 우리는 가까운 데서 찾아야 한다. 그러나 사람들은 행복을 먼 곳에서 찾으려 한다. 우리는 행복을 내 나라에서 찾고, 내 가정에서 찾고, 내 생활에서 찾고, 내 직장과 일에서 찾고, 내 친구에게서 찾아야 한다.

세상에 행복만 있는 인생도 없고, 불행만 계속하는 인생도 없다. 밤이 가면 낮이 오고, 낮이 가면 밤이 오듯이 행복 다음에는 불행이 오고, 불행 다음에는 행복이 온다. 행복과 불행의 교체는 우리 인생의 기본적인 리듬이다. 그러므로 기다리는 지혜와 참는 지혜를 배워야 한다. 불행할 때는 행복을 기다릴 줄 알아야 한다. 행복할 때는 불행이 닥쳐왔을 때 참는 지혜를 준비해야 한다.

동양인과 서양인은 행복관이 다르다. 대체로 동양인은 소극적 행복관을 가지고 서양인은 적극적 행복관을 가진다. 중국의 유명한 학자인 호적 박사는 동양의 문명은 지족(知足)의 문명이요, 서양의 문명은 부지족(不知足)의 문명이라고 했다. 간결한 표현 속에 동서 문명의 근본적 차이를 옳게 지적했다. 동양의 옛날 성인들은 수분지족(守分知足)의 철리를 강조했다. 자기의 분수를 지키고 만족할 줄 알아야 한다는 것이다.

만족하면 행복하다. 불만족하면 불행하다. 그러나 동시에 현실에 만족하면 발전이 없다. 행복의 견지에서 보면 지족이 좋지만, 향상 발전의 견지에서 보면 부지족이 바람직하다. 그러면 우리는 모든 일에 대하여 지족의 태도를 취할 것이냐, 부지족의 태도를 취할 것이냐, 간단한 결론과 대답을 내리기가 어렵다.

▨ 카네기(Carnegie, A., 1853~1919, 미국의 실업가·강철 왕)

이 세상에서 진정으로 확실한 것이 하나 있다. 그것은 행복해지겠다고 노력하면 누구나 곧 행복하게 된다는 것이다. 웃을 수 있는 사람은 행복자이기 때문이다. '인생이란 무엇이냐?' 하고 묻는다면 나는 곧, '인생이란 행복하게 산다는 것이다.'라고 대답한다.

비관이나 실망은 금물이다.

행복이란 것은 원래 마음의 문제이고, 결코 몸맵시라든가 환경이라든가 또는 연령이라든가의 문제는 아니다.

만사는 마음의 문제, 이것이 나의 인생에 대한 신념이다.

"너 자신에 충실하라."라고 셰익스피어는 말하고 있다.

여기서 솔직하게 말하는 편이 좋겠다고 생각하는 것이지마는, 성공이란 것은 금전을 두고 따질 것은 아니다. 재산은 얼마를 모아도 소용이 없다. 무엇보다도 건강한 정신이 중요한 것이다. 그것을 갖게만 되면 우리는 소리를 높여 크게 웃을 수가 있다. 그리고 그렇게 되면 우리는 제일 행복하고 안전한 셈이다.

▣ 김은우(저서 『새 사상과 교육』)

우리는 불행하기 때문에 더욱 큰 희망에 살아야 합니다. 행복해서가 아니라 불행하기 때문에 우리는 희망을 잃지 말아야 합니다. 기쁨으로 행하고, 행한 것을 기뻐할 수 있는 사람은 행복합니다. 또 아름다운 인격은 지상의 아들들의 최대의 행복이기도 합니다. 우리는 행복하기 위해서 오늘의 불행을 극복하고 우리는 더 향상된 생활을 창조하기 위해서 거대한 희망에 살아야 할 것입니다.

▣ 출처 미상

행복이란 인간의 자연스러운 상태이다. 이는 어린아이들을 보면 곧 알 수 있는 진실이다.

'쾌활한 마음을 지닌 자는 끝없는 향연을 갖는다.' 다시 말하면 쾌활한 마음을 기르라는 것이다. 즉, 행복한 습관을 발전시키면 생활은 향연의 연속이 될 것이다. 그리고 매일 매일 인생을 즐길 수 있다는 것이다.

만일 우리가 행복을 반대어로서 정의하려 한다면 '비애(悲哀)'와 대비하여 정의해서는 안 되고, '우울(憂鬱)'과 대비하여 정의해야 할 것이다. 우울이란 무엇인가? 그것은 감각에 대한 무능력이며 우리의 육체가 살아있음에도 죽어 있는 느낌을 갖는 것이다. 그것은 슬픔을 경험하는 능력이 없을 뿐만 아니라, 기쁨을 경험할 능력도 없는 것이다.

행복은 생산적인 생활의 경험에 의해 얻어지며, 우리를 세계와 일치시키는 사랑과 이성의 힘을 사용하는 것에 의해서 얻어진다. 행복은 세계와 우리 자신과의 생산적인 관계에서만 일어나는 점차 활기를 띠는 에네르기의 경험이며, 격렬한 내적 능동성의 상태이다.

행복은 내적 수동성의 상태에서 발견될 수 없고, 소외된 인간의 생활에 미만 되어 있는 소비의 태도에서도 발견될 수 없다. 행복은 채워져야 하는 공허감을 경험하는 것이 아니라 충만감을 경험하는 것이다. 오늘날 보통 사람은 상당한 재미와 쾌락을 맛보고 있음에도 그는 근본적으로 우울하다.

지혜 있는 삶을 영위하고 행복의 열매를 맺으려면 정신적인 불안이나 위기를 극복하고 발전을 계속하여 자신의 정신세계에 대한 확고한 바탕을 마련하지 않으면 안 된다. 이 정신적 주체로서의 자기 자신의 세계는, 우연히 생겨나거나 저절로 만들어지는 것이 아니며 현실의 바탕에 깊고 넓게 정신의 뿌리를 내리고 이상을 향하여 높고 크게 뻗어 나가기 위한 참된 정성과 노력을 쏟을 때만 이룩되는 것이다.

▨ 로스(Ross, J., 1800~1862, 영국의 탐험가)

우리는 나쁜 쾌락이 있고, 또 좋은 고통이 있다는 데 대해 확고한 믿음을 가지고 있다.

▨ 괴테(Goethe, 1749~1832, 독일의 시인·정치가·과학자)

생각하는 사람의 가장 아름다운 행복은 캐낼 수 있는 걸 캐내고, 캐낼 수 없는 것을 가만히 우러러보는 일이다.

땅 위에 사는 인간의 최고의 행복은 훌륭한 인격을 쌓는 데 있다.

행복을 받고 행복을 주는 것은 언제나 인간의 큰 기쁨이다. 사랑하면서 둘이 삶의 보람을 느끼는 것은 최상의 기쁨이 아닐 수 없다.

왕이건 백성이건 자기의 가정에서 행복을 발견하는 자가 가장 행복한 인간이다.

경 고

언제나 멀리 가려고만 하는가
보라, 좋은 것은 아주 가까운 데 있는 걸
오직 행복을 붙잡는 법을 배우면 된다
행복은 언제나 눈앞에 있으므로

▨ 퀴리(Curie, M., 1867~1934, 프랑스의 여류 물리학자)

가족이 서로 결합되어 있다는 것이 정말 이 세상에서 유일한 행복이다.

■ 셰익스피어(Shakespeare, W., 1564~1616, 영국의 극작가)

안심(安心), 그것이 인간의 가장 값싼 적이다.

■ 아우구스티누스(Augustinus, A., 354~430, 기독교 교부)

마음을 평온하게 가지려면 불쾌한 기억을 머릿속에 불러들이지 말 것이다. 시궁창이 있는 곳을 피하여 가듯이 불쾌한 기억은 피해 버려야 한다. 기분 나빴던 일을 언제까지나 머릿속에서 꾸역꾸역 생각하는 것은 가장 나쁘다. 사람은 현재가 불행한 것이 아니라 불쾌하고 슬픈 기억 때문에 불행한 것이다. 그러한 기억에서 떠난다면 오늘의 하루는 그것대로 즐거운 것이다.

■ 힐티(Hilty, C., 1833~1909, 스위스의 철학자·법학자)

인류가 행복을 구하는 길에는 외적인 것으로는 부귀, 명예, 삶의 향락, 건강, 문화, 과학, 예술 등이 있고, 내적인 것으로는 떳떳한 양심, 덕, 일, 이웃 사랑, 종교, 위대한 사상과 사업에 종사하는 생활 등이 있다.

일은 인간에게 있어 행복의 하나의 커다란 요소이다. 아니 단순한 도취가 아닌 진정한 행복감은 일 없이는 절대로 얻을 수 없는 뜻이라면 참으로 그 최대의 요소이기조차 하다.

사람은 행복하려면 일주일에 엿새는 일하여야 한다. 또한 이마에 땀을 흘리고 그 빵을 먹어야 한다. 이 성공의 두 가지 전제를 피하는 자는 행복을 추구하는 사람 중에서 가장 어리석은 자이다.

일 없이는 실상 이 세상에는 행복은 없다. 소극적으로 취하자면 이 말은 완전히 올바르다. 그렇기는 하지만 일은 그대로 행복이고, 따라서 온갖 일은 반드시 행복감을 동반한다고 하는 것이라면 그 역시 이미 잘못이다.

우리는 인생에 있어 항상 용기와 겸손을 지닐 필요가 있다. 기쁨을 스스로 추구해서는 안 된다. 그것은 생활만 바르다면 그야말로 저절로 생겨나는 것이다. 가장 단순한, 돈이 들지 않는, 필요에 따라서 얻어지는 기쁨이 최상의 기쁨이다.

한마디로 말하자면 인격의 깊이 또한 우리가 여러 사람에게서 이내 깨닫게 되는 여유 있는 기풍, 이것은 훌륭히 불행에 견디어 온 사람에게만 갖추어지는 것으로서 다른 사람은 도저히 흉내 낼 수 없는 일이다.

참된 행복은 또한 우리가 노상 자기의 힘을 내고, 항상 자신을 격려하며, 강제로 해야 하는 곳에 있다. 오히려 우리가 일단 이 인생관을 신봉하고, 단호히 이를 실행하여 다른 것을 버리고 돌아보지 않는다면 그때 행복은 스스로 우리에게 생기는 것이다.

행복에 절대로 없어서는 안 될 첫째의 조건은 윤리적 세계 질서에 관한 굳은 신앙이다. 이러한 질서 없이, 세계는 다만 우연에 의해, 또는 약자에 대한 취급은 거의 잔혹할 정도로 엄한 자연법칙에 의해 지배되며, 또한 인간의 책략과 폭력에 의해 움직여지는 것이라고 한다면 개인의 행복 따위는 이미 문제가 되지 않는다.

재산을 지니는 것은 행복하다고들 말하고 있는데 과연 진실일까? 그러나 재산을 적당히 지배하고 관리할 수 없을 때, 또는 그것을 바르게 사용하지 못할 때, 또는 그것이 올바르게 획득된 것이 아니었던 경우 나아가서 그것을 잃는 것을 노상 두려워하지 않으면 안 되는 경우에는 재산은 분명히 행복은 아니다. 또한 재산 때문에 교만

해지거나 게을러지거나 무위나 탐욕이나 인색에 빠지거나 한다면 그야말로 불행해질 것이다.

이에 비해 재산이 모든 능력을 정상적으로 발달시키기 위한 명확한 기초가 되고, 훌륭한 교육을 받기 위한 보증이 되며, 인간에의 공포나 종속으로 빠지지 않기 위한 받침이 되고 또 인간의 가장 기품 높은 성질인 친절이나 동정을 방해하지 않고, 끊임없는 수련에 의해서만 얻어지는 어떤 완성도까지 이르게 하는 수단이 되는 경우, 재산은 말하자면 상대적인 행복이다.

소유(所有)에 대하여

▨ 그리스 속담

부(富)의 비결은 '저축(貯蓄)', 두 글자에 있다.

정신의 부(富)가 참된 부이다.

▨ 포프(Pope, A., 1688~1744, 영국의 시인)

먼저 부(富)를 만들어라. 그러면 덕(德)이 저절로 따른다.

▨ 러스킨(Ruskin, J., 1819~1900, 영국의 저술가·비평가)

금전은 사람을 가리지 않고, 그것을 소유하는 사람에게 권력을 준다.

▨ 보들레르(Baudelaire, C., 1821~1867, 프랑스의 시인)

돈을 버는 유일한 방법은, 돈에 눈을 돌리지 않고 일을 하는 데 있다.

▨ 제퍼슨(Jefferson, T., 1743~1826, 미국의 제3대 대통령)

돈을 모으기까지 돈을 쓰지 말라.

■ 서양 속담

돈을 없애기는 쉬우나 돈을 쓰기는 어렵다.

실패하지 않는 사람은 부자가 되지 못한다.

■ 리튼(Lytton, 1803~1873, 영국의 작가)

금전을 결코 경솔하게 처리하지 말라. 금전은 품행이다.

■ 페트라르카(Petrarca, F., 1304~1374, 이탈리아의 시인)

돈을 알맞게 쓰는 사람은 돈의 주인이다. 돈을 모으기만 하는 사람은 돈을 지키는 하인이다.

■ 독일 속담

탐욕은 모아서 가난하고, 자비(慈悲)는 베풀어서 부유하다.

■ 살루스티우스(Sallustius, BC 86~35, 로마의 역사가)

사람은 자기 재산을 낭비하면서 남의 재산을 탐낸다.

■ 헤겔(Hegel, G, W., 1770~1831, 독일의 철학자)

모든 것을 탐내는 사람은 아무것도 얻지 못한다.

■ 소크라테스(Sokrates, BC 469~399, 그리스의 철학자)

부나 빈곤, 사람들은 이것을 집 안에 갖는 것이 아니라 마음속에 갖는 것이라고 나는 생각한다.

◼ 플라톤(Platon, BC 427~347, 그리스의 철학자)

국가의 가장 큰 병, ─ 이것을 당파라고 부르기보다는 당쟁파라고 부르는 것이 옳을 것인데 ─ 이 병에 걸리지 않으려면 심한 가난도, 또 심한 부도 그 국가의 국민 중에 누구에게도 있어서는 안 된다.

◼ 괴테(Goethe, 1749~1832, 독일의 시인·정치가·과학자)

가난하면 마음이 어두워진다.

◼ 세네카(Seneca, L, A., BC 4~AD 65, 로마의 철학자)

빈곤은 부정한 것을 가르쳐 준다.

◼ 인격 훈화(국방부 편)

빈곤 속에서 인간성은 억압되고 유린당하고 질식한다. 인간성을 좀먹고 구김살이 가게 하는 것이 곧 가난이다. 경제는 인간 생활의 하부 구조요, 이 하부 구조의 확립이 없이는 문화니, 교양이니, 개성이니, 자유니, 인격이니, 사랑이니, 행복이니 하는 인간성의 내용을 실현할 수 없다. 경제는 생의 가장 중요한 수단이다.

◼ 김태길(金泰吉, 1920~2009, 한국의 철학자·교육자)

높고 원만한 인격, 넓고 깊은 학식과 예술, 또는 그 밖의 분야에 있어서 새로운 경지를 개척하는 창조적 활동, 변함없는 아름다운 우정, 국가나 사회를 위한 헌신적인 봉사, 스포츠나 오락을 즐기는 유쾌한 시간, 이러한 가치를 실현하자면 어느 정도의 돈이 필요한 것이며, 우리가 재물을 소중히 여기지 않을 수 없는 이유도 스스로 명백하다.

■ 이병철(李秉喆, 1910~1987, 한국의 사업가)

사업에도 정도(正道)가 있고 또 사업가에게는 사회적 책무가 따로 있다는 사실을 잊어서는 안 된다.

사업이란 결코 우연히 되는 것이 아니다. 또 마음만 먹는다고 되는 것도 아니다. 사업에는 또 순서가 있는 법이다. 아무리 보람 있고 수익성이 좋은 사업이라 하더라도 이쪽에 그걸 지탱해 나갈 능력이 없다면 소용이 없다. 이렇게 시기와 자본과 사람의 3박자가 다 맞아야 한다.

모든 것은 나라가 기본이 된다.

나라가 잘되고 강해야 모든 것이 잘 자란다. 따라서 무역을 하든 공장을 세우든 나라에 도움이 되는 것이 결국은 그 사업에도 도움이 된다. 그러니까 참다운 기업인은 보다 거시적인 안목으로 기업을 발전시키고 국부(國富) 향상에 이바지하도록 해야 한다.

내가 아무리 돈을 많이 번다 해도 언젠가는 나도 생각에서 잊히고 만다. 만약에 내가 언제까지나 남을 자랑스러운 사업을 이룩한다면 내가 죽은 다음에도 사업은 남는다. 너무나도 손쉽게 돈을 벌 수 있다는 것은 그만큼 돈과 돈으로 얻어지는 모든 것이 허망하다는 진리를 입증해 주는 셈이다. 그럼에도 사람들은 돈만을 애지중지한다. 사실은 돈이란 쓸 만큼만 있으면 되는 것이다. 그 이상은 오히려 짐이 된다. 따라서 남은 돈은 언제나 사회에 돌려보낸다는 생각으로 사업해야 한다.

▨ 블랙슬리(저서 『두뇌혁명』)

부(富)의 축적은 그 욕구가 충족될 때마다 더욱더 부에 대한 욕망을 낳는다는 사실을 우리는 경험을 통해 알고 있다. 거기에는 물건들을 그 자체의 목적에 따라 모은다는 것 이상의 현상이 있다. 그것은 바로 일종의 심리적 물질주의(Psycho materialism)로서 권력에의 열망과 비슷한 현상이다.

▨ 헤라클레이토스(Herakleitos, BC 544~483, 그리스의 철학자)

인간에게 있어 원하는 것은 무엇이든지 주어진다는 것은 그다지 좋은 일이 아니다.

창조(創造)에 대하여

■ 베르그송(Bergson, H, L., 1859~1941, 프랑스의 철학자)

　의식하는 존재에 있어서 생존한다는 것은 변화한다는 것이며, 변화한다는 것은 경험을 쌓는다는 것이며, 경험을 쌓는다는 것은 한없이 자기 자신을 창조해가는 일이다.

■ 미켈란젤로(Michelangelo, 1475~1564, 이탈리아의 화가·조각가·건축가)

　남의 뒤를 따라가는 자는 결코 전진하는 것이 아니다. 그리고 자기 자신의 마음속에서 창조할 줄 모르는 사람은 남의 작품에서 어떠한 이익도 끌어낼 줄 모른다.

■ 출처 미상

　잘된 모방은 가장 완전한 독창이다.

■ 아인슈타인(Einstein, A., 1879~1955, 미국의 이론물리학자)

　우리가 사회에서 이어받은 모든 물질적, 정신적 및 도덕적인 면에서 가치 있는 업적은 수많은 세대를 거쳐 창조력 있는 인물이 이루어냈다는 사실을 쉽게 알 수 있다. 어느 때 어떤 사람은 불의 사용을 발견했고, 또 어떤 사람은 증기 엔진을 발명했던 것이다.

오직 개인만이 생각할 수 있고, 그렇기 때문에 사회에 대하여 새로운 가치를 창조할 수 있다. 그리고 개인만이 집단생활에 부합해 나갈 수 있는 새로운 도덕적 가치를 설립할 수 있다. 따라서 독립적으로 사고 및 판단할 수 있는 창조적인 개성이 없는 사회의 향상 발전은 마치 집단체라는 비옥한 영토가 없는 개인의 인격 발전처럼 생각할 수도 없다.

지적 노력은 모든 창조적인 활동에 힘이 될 수 있어야만 결실을 맺을 수 있고, 이렇게 되어야만 인생의 만족과 의의를 맛볼 수 있다.

인류가 행동하고 사고한 모든 것은, 어떻게 하면 필요를 충족시키고 고통을 덜어주느냐 하는 데 관한 것이다. 인간의 감정과 욕구는 모든 사람의 노력과 창조의 원동력이 된다. 후자는 때때로 우리에게 고상한 형태로 나타날 수도 있다.

▨ 김은우(저서 『새 사상과 교육』)
창조성이란 일률적으로 말하기는 어려우나 대체로 새로운 것을 만들어 내는 능력이라고 할 수 있다. 일반적으로 창조군(創造群)은 자기중심적이며 일에 대하여 집념하고 모험적, 광범위한 흥미, 감수성이 강하며, 고독을 즐기고 불요불굴(不撓不屈), 그리고 통찰력이 강한 편이다. 그리고 개인의 환경, 특히 부모의 양육 태도는 창조성 발달에 대하여 중요한 역할이 되고 있는 것이다.

버튼은 학생들의 활동에 대해서 제약을 가하지 않는 자유로운 환경이 먼저 이루어져야 한다고 했다. 오늘날 얼마나 많은 일이 그들의 자유로운 사고와 표현을 억제하고 있는지 모른다.

학교는 그들의 사고와 표현과 행동을 고정화하는 데서부터 해방되어야만 하겠다. 사회 자체가 창조적인 인간의 배출을 요구하며 기대하고 있는 것이다. 새로운 발전과 비약적인 사고의 소산을 기대하고 있는 것이다.

▨ 추국희(저서 『우수아 교육』)

창조성 연구가에 의하면 고(高) 창조아는 자유와 독자적 성격의 소유자로서 엄격한 집단 기준을 싫어하고, 집단에서 이탈하려는 경향이 강하다는 것이다. 교사는 이러한 이상성(異常性)을 가진 학생을 미처 잘 알지 못하고, 문제아로 다루는 경우가 있다.

▨ 고영진(저서 『현대인의 생활지혜』)

창조에는 창조하기에 알맞은 환경이 필요하다. 즉, 독창성을 존중하고 아끼는 분위기가 조성되어야 한다. 이른바 권위에 대해 두려움을 느끼지 않아야 한다. 또한 명랑하고 즐거운 환경도 역시 창조의 환경으로 중요시되고 있다.

창조를 사회적인 물건으로 만들려면 위대한 창조일수록 사회의 기성 개념이나 세속적인 상식을 타파해야 한다. 창조란 자기 자신과의 투쟁이며, 동시에 사회 상식과의 싸움이라고 할 수 있다. 싸우려면 용기가 있어야 하고, 그러니까 '창조란 투쟁이며, 용기'라고도 한다.

■ 토인비(Toynbee, A., 1889~1975, 영국의 역사가)

자신이 아는 것으로 무엇인가를 만들기 시작한 후, '일'이란 말의 의미는 나에게 있어서 뜻깊은 하나의 변화를 겪었다. 이 변화는 유익한 것이었다고 나는 확신한다. 이제 나에게는 일이란 글을 쓰는 것, 혹은 쓰는 준비를 하는 것을 뜻하게 되었지 글을 읽는 것을 뜻하지는 않게 되었다.

내가 스켈트 강의 항해에 관한 논쟁에 대한 최초의 초고에 불만이었던 것처럼 당신도 최초의 초고에는 불만일 것이다. 그러나 최초의 초고는 수정할 수 있다. 그래도 이 작품은 처음부터 열심히 쓴 작품처럼 좋지 않을 것이지만, 아마 쓸 만한 작품은 될 것이다. 그리하여 이럭저럭 하는 동안에도 계획의 수행을 향해 나아가고 있을 것이다. 완전한 것이 될 때까지 기다린다는 건 일생을 기다리는 것이 될 것이기 때문이다. 왜냐하면, 인간의 손이나 머리로 만드는 물건으로서 완전한 것은 없기 때문이다.

완전한 작품이 있다면 그것은 인간의 것이 아니라 신의 것이다. 완전에 도달할 수 있다고 생각한다면 그는 넘어지기에 앞서서 거만의 죄를 범하고 있는 것이다.

■ 크리슈나무르티(Krishnamurti, J., 1895~1986, 인도의 철학자)

우리는 대개 구경하는 데만 익숙해져서 실제로 게임에 참가하려고는 하지 않습니다. 우리는 책을 읽습니다. 그러나 책을 쓰는 일은 결코 없습니다. 구경꾼이 되어 축구 시합을 관전한다든가 유명한 정치가나 웅변가를 쳐다보는 것이 보통의 일이 되어, 이런 일은 이 나라에서뿐만 아니라 세계 어디에서나 습관이 되어 버렸습니다.

우리는 멍청히 방관하는 아웃사이더에 불과합니다. 일을 창조하는 힘을 우리는 잃고 말았습니다. 그 때문에 우리는 다른 사람들 틈에 끼어서 자기 자신을 잊어버리려고 생각합니다.

새로운 것은 지속이 있는 곳에서는 존재할 수 없습니다. 새로운 것이란 창조이고 미지의 것이며 영원한 것이고 '신(神)'인 것입니다. 그것은 내일 새로 태어나기 위해서 매일 죽어간다는 의미입니다. 그 때에 비로소 우리는 살고 있으면서 죽음을 알 수 있습니다. 그와 같은 죽음과 지속의 종말 안에서만 신생(新生)과 영원한 창조가 생겨납니다.

▨ 『I.Q 개발 창조성 개발』(동아출판사)
우리에게 의문이 생기지 않는다면 사고의 발전은 정지되고 만다. '창조'라는 것은 항상 '의문'을 품는 사람만이 가지는 특권임을 우리는 명심해야 할 것이다.

▨ 김재은(金在恩, 1931~ , 한국의 심리학자·교육자)
머리가 뛰어난 창조적인 인물들은 인간의 무의식적인 정신세계의 에너지를 잘 동원해서 뭔가 가치 있는 것을 만들어 낸 사람이고, 미친 사람은 그 에너지를 잘못 쓴 사람이라고 할 수 있을 것이다. 머리가 잘 돈다는 것은 대뇌의 생리적인 리듬이 올바로 또한 활발하게 움직이는 것을 말한다.

'의욕하는 마음', '창조하는 마음', '뭔가 만드는 즐거움에서 행복감을 느끼는 사람'은 어떠한 역경에도 굴하지 않고 어려운 조건을 이겨 내고 앞으로 나아가는 것이다. 이런 의욕 있는 마음을 기르려면 전두엽을 살려 나가야 한다.

남이 만들어 내지 못한 독창적이고, 새롭고, 창조적인 답을 만들어 낼 수 있는 사람은 주어진 답 중에서 골라내는 사람보다 더 인생을 풍부하게 살아갈 수 있다는 것은 확실한 이야기이다.

◼ 출처 미상

무서운 겨울의 뒤에서 바야흐로 오는 새봄은 향기로운 매화에 첫 키스를 주느니라. 곤란 속에 숨어 있는 행복은 스스로 힘쓰는 용자(勇者)의 품에 안기느니라. 우리는 새봄의 새 행복을 맞기 위하여 모든 것을 제힘으로 창조하는 용자가 되라.

◼ 랑크(Rank, O., 1884~1939, 오스트리아의 심리학자)

보통인(普通人)은 집단의 의지에 동일시도 못 하지만, 자기의 의지를 강하게 주장할 만한 자유도 없다. 열등감, 죄악감에 사로잡혀 있다. 내외의 압력과 싸우지 않으면 안 된다.

창조인(創造人)은 예술가와 같이 자신을 주장하고, 자신을 긍정하고 받아들이고 있다. 타협도 없고, 가산도 없다. 자신이 택한 이상이 형성되고 자연적인 한계를 넘어서까지 자기의 의지를 성취하려고 한다.

◼ 출처 미상

생산적이라는 것은 '자기의 능력을 이용하고 자기가 타고난 가능성을 실현할 수 있는 능력'이고, 창조하고 사랑을 발휘하고 그것을 전적으로 이용할 수 있는 사람이다. 그런 사람은 반드시 위대한 과학자나 예술가가 될 필요는 없는 것이다. 독자적으로 생각하고 자신과 타인을 존경하고 불안 없이 감각적인 향락을 하고 자연과 예술을 사랑할 줄 아는 사람, 생활을 즐길 수 있는 사람이다. 비생산적인 요소가 있기는 하나 전환된다. 예를 들면 완고한 것이 착실한 것으로, 착취적인 것이 진취적인 것으로 될 수 있으며, 삶을 즐길 줄 아는 사람이다.

성공(成功)에 대하여

▨ 스마일즈(Smiles, S., 1812~1904, 영국의 문필가 의사)
뜻을 이루려면 성공을 믿는 것이 첫째이다.

▨ 『후한서』(後漢書, 중국 후한의 역사책)
뜻이 있는 사람의 일은 마침내 이루어진다.

▨ 칸트(Kant, I., 1724~1804, 독일의 철학자)
한 가지 뜻을 세우고 그 길을 걸어가라. 잘못도 있으리라. 실패도 있으리라. 그러나 다시 일어서서 앞으로 나아가라. 반드시 빛이 그대를 맞이할 것이다.

▨ 라 브뤼예르(La Bruyere, J., 1645~1696, 프랑스의 작가)
성공하는 데엔 두 가지 길밖에 없다. 한 가지는 자기 자신의 근면, 다른 한 가지는 다른 사람의 어리석음.
목적을 이루려고 오랜 인내를 하는 것보다도 눈부신 노력을 하는 편이 아주 쉽다.

▨ 솔론(Solon, BC 638~559, 그리스의 정치가)
항상 눈을 일생의 대계(大計)에 기울여라.

▨ 스펜서(Spencer, H., 1820~1903, 영국의 철학자)
정밀한 관찰은 모든 성공의 원소이다.

▨ 칼라일(Carlyle, T., 1795~1881, 영국의 사상가)
자기 뱃속에 숨겨두지 못하는 사람은 무슨 일이든지 성공하지 못한다.

아무리 약한 사람이라도 단 하나의 목적에 자기의 온 힘을 집중함으로써 무엇인가 성취할 수 있으나 반면에 아무리 강한 자라도 그의 힘을 많은 목적에 분산하면 어떤 것이나 성취할 수 없을 것이다.

▨ 츠바이크(Zweig, S., 1881~1942, 오스트리아의 작가)
하나의 기적, 혹은 기막힌 기적적인 일이 완성되려면 누군가 한 사람의 인간이 기적을 신앙한다고 하는 것이 우선 제일의 조건이다.

무릇 인간의 운명에 있어서 생애에서 한창 일할 나이, 그 창조적인 장년기에 그 생애를 거는 것과 같은 과제를 발견하는 이상으로 더 위대한 행복은 없다.

▨ 까뮈(Camus, A., 1913~1960, 프랑스의 작가)
노력은 항상 어떤 이익을 가져온다. 성공 못 하는 자들에게는 게으름의 문제가 있다.

▩ 『서경』(書經, 삼경의 하나, 공자가 편찬함)

높은 곳에 오르려면 반드시 낮은 곳에서부터 올라가야 한다.

▩ 김은우(저서 『새 사상과 교육』)

오늘날 어떤 사람이 모든 것에 관해 약간씩 다 알려고 한다면 시간 배당은 제목마다 1분씩밖에 돌아가지 않을 것이다. 그리하여 그는 마치 나비가 이 꽃 저 꽃으로 날아다니듯이 이 제목 저 제목으로 날아다닐 것이다. 오늘날 상업의 성공이건, 문학의 성공이건, 발명의 성공이건 모두가 정신 집중을 뜻한다.

▩ 카네기(Carnegie, A., 1853~1919, 미국의 실업가·강철 왕)

우리는 자신을 업신여겨서는 안 된다. 실패의 대부분은 자기를 신용 못 하는 데서 일어나는 결과다. 의심을 하든가 약점을 정복하지 못하는 것으로 생각하든가 하면 그 순간부터 우리는 벌써 실패의 구덩이로 빠지기 시작하는 것이다.

우리는 성공한 사람들의 생애를 연구해 볼 필요가 있다. 그들은 음울하고 성미가 까다로운 사람이었던가 혹은 또 조급한 인간이었던가. 전혀 그 반대인 것이다. 그들은 대단한 자신을 가지고 있었다. 그리고 심한 곤경에 빠졌을 때도 유유히 웃을 만한 힘을 가지고 있었다.

▩ 안창호(安昌浩, 1878~1938, 한국의 독립운동가)

성공과 실패가 먼저 목적 여하에 달렸다고 합니다. 우리가 세운 목적이 그른 것이면 언제든지 실패할 것이요, 우리가 세운 목적이 옳은 것이면 언제든지 성공할 것입니다.

이 세상의 역사를 살펴보면 그른 목적을 세운 자가 일시일시로 잠시적 성공은 있으나 결국은 실패하고야 말고, 이와 반대로 옳은 목적을 세운 자가 일시일시로 잠시적 실패는 있으나 결국은 성공하고야 맙니다.

목적에 대한 비관이라 함은, 곧 그 세운 목적이 무너졌다 함이외다. 자기가 세운 목적에 대하여 일시일시로 어떤 실패와 장애가 오더라도 조금도 그 목적의 성공을 의심치 않고 낙관적으로 끝까지 붙잡고 나가는 자는 확실히 성공합니다.

대저 착실이란 것은 무슨 일에든지 실질적 인과율(因果律)에 근거하여 명확한 타산 하에 정당한 계획과 조직으로써 무엇을 어떻게 하여 이러한 결과를 지어내겠다 하고 그 목적을 달(達)하기까지 뜻을 옮기지 않고 그 순서에 의지하여 각근한 노력을 다함을 이름이외다.

우리가 하려고 하는 위대하고 신성한 사업의 성공을 허(虛)와 위(僞)에 기초하지 말고 진(眞)과 정(正)으로 기초합시다.
허와 위는 구름이요, 진과 정은 반석이외다.

모든 어려운 일은 가장 작은 일부터 시작하고, 크게 어려운 일은 가장 쉬운 것에서부터 풀어야 합니다.

▨ 박달규(저서 『성공의 조건』)
바르게 생각하고 바르게 행동하면 바른 인격과 행복이 올 것이고, 굳게 생각하고 굳게 행동하면 박력 있는 행동과 그에 따른 '다이내믹(dynamic)'한 인생이 펼쳐질 것이고, 희미하게 생각하고 희미하게 행하면 결국 인생은 무력하게 만들어지고야 말 것이다.

▨ 출처 미상

　인생에 있어서 성공하는 비결, 당신이 절실히 희망하고 있는 것을 달성하려는 비결은 현재 당신 자신에게 있는 것을 일체 완전히 해방하여 그것을 자기가 하는 일이나 어떤 계획에 전적으로 바치는 것이다. 이를테면, 자기가 하는 일이 무엇이든 그 일에 전심전력을 다하라는 것이다. 당신 자신의 모든 것을 바치시오. 조금도 아끼지 마시오. 인생은 자기의 인생을 전부 바치는 사람에게는 거절할 수 없는 법이다.

　결국 정신력이라는 것을, 성공하는 사람은 성공을 위해 쓰고 실패하는 사람은 실패하기 위하여 쓰고 있다는 점에 깊은 관심을 기울여야 한다.

▨ 라 로슈푸코(La Rochefoucauld, 1613~1680, 프랑스의 작가)

　우리에게 부족한 것은 힘보다도 의지다. 우리가 사물을 불가능으로 여겨 버리는 것도 항용 자기 자신에게 변명을 하기 때문이다.

▨ 『탈무드』(유대교 랍비의 이야기를 담은 책)

　패배를 통하여 유대인들이 배운 교훈은 설사 외부의 힘에는 질지라도 자기 자신에게 져서는 안 된다는 일이다. 외면적으로 패배하는 것과 내면적으로 패배하는 것 사이에는 커다란 거리가 가로놓여 있는 것이다.

　사람이 현실을 받아들여 현실적으로 생활할 수 있느냐, 없느냐 하는 것은 자신의 실패나 패배를 인정하느냐 않느냐에 달려 있다.

실패는 경험을 깊게 해 주며, 그것은 풍부한 미래를 약속하는 교훈의 보고(寶庫)인 것이다. 패배를 이겨낸 사람이 최후의 승리자가 된다는 교훈을 역사는 가르쳐 주고 있다.

▨ 출처 미상
성공이란 탐구된 목표의 만족할 만한 달성이다.

▨ 관중(管仲, BC ?~645, 중국 춘추시대 제나라의 정치가·법가)
일은 깊이 생각함으로써 생기고, 힘씀으로써 이루어지고, 오만함으로써 잃는다.

▨ 회남자[淮南子, BC ?~123, 중국 전한(前漢)의 학자]
일의 성부(成否)는 반드시 작은 일에서 생긴다.

▨ 서양 속담
사자는 토끼를 잡는 데도 있는 힘을 다한다.

▨ 릴케(Rilke, R. M., 1875~1926, 독일의 시인)
명성이란 차라리 한 사람의 성장하는 인간을 세상 사람들이 모여서 두들겨 부수는 것이요, 유형, 무형의 그 파괴 뒤에 운집하여 쌓아 올린 공사를 짓밟아 버리는 것이다.

▨ 아이스킬로스(Aischylos, BC 525~456, 고대 그리스 비극시인)
넘어진 자에게 더욱 발길질을 하려는 것이 사람들의 본성이다.

내가 생각하는 '타인의 나에 대한 견해'는 그 사람이 어떻게 생각하고 있으리라는 나의 기대로 형성되며, 그가 생각하리라고 기대하는 것은 내가 스스로를 어떻게 생각하느냐에 달려 있다.

스스로를 패자라고 생각하면 남에게도 자동으로 패자로 보이며, 말씨, 몸짓, 얼굴 표정, 옷차림, 머리 손질 상태, 손톱 등 모든 것에서 자기가 패자라는 신호가 네온사인보다 더 명료하게 내비친다. 스스로를 승자로 보면 남에게도 그렇게 인식되며, 그에 따른 관계를 맺게 되는 것이다. 우리가 스스로를 보는 대로 타인도 우리를 본다는 것을 언제나 마음에 새겨두라.

◨ 출처 미상

목표를 세워 항상 최선을 기대하라. 결코 최악을 생각해서는 안 된다. 최악은 당신의 머리에서 씻어 버려야 한다. 최악이 일어난다는 생각을 당신의 뇌리에 넣어서는 안 된다. 최악의 개념을 마음에 품지 않도록 하라. 왜냐하면, 당신이 자신의 마음에 품은 것은 어떠한 것이든 거기서 성장하기 때문이다.

◨ 출처 미상

무엇이든 소중한 것은 졸지에 생겨나는 것이 아니다. 자네가 지금 나에게 무화과가 갖고 싶다고 하면 나는 자네에게 '그러려면 시간이 필요해.' 하고 대답할 것이다.

◨ 베이컨(Bacon, F., 1561~1626, 영국의 정치가·철학자)

우리는 나의 성패에 따라서 나의 범위 내에 있는 일을 해야 한다. 그 이외의 일은 하지 말라.

■ 정해칠(저서 『보신보정』)

　인생의 대해(大海)에 있어서는 기를 쓰고 초조해한다고 해서 반드시 성공한다고는 할 수 없다. 때로는 조용한 시간을 보내는 것도 좋다. 그것은 훌륭한 사상이나 아이디어가 우리 마음속에 저절로 흘러들어 오거나 솟아나는 것이기 때문이다.

■ 보들레르(Baudelaire, C., 1821~1867, 프랑스의 시인)

　우선 급한 일에 착수할 것, 약간 나빠도, 그래도 마음이 들떠 희미한 몽상만을 하는 것보다는 낫다.

■ 크리슈나무르티(Krishnamurti, J., 1895~1986, 인도의 철학자)

　'일개 개인으로서 역사에 남을 만한 어떤 일을 이룰 수가 있을까? 일개 개인으로서 인생의 과정에서 과연 어떠한 일을 이룰 수 있을까?'라고 질문을 던지는 사람이 있을지 모른다. 분명한 사실은 개인이 그렇게 할 수가 있다는 것이다.

위대(偉大)함에 대하여

▨ 실러(Schiller, J., 1759~1805, 독일의 극작가)

인간을 위대하게 만들기도 하고, 하잘것없는 존재로 만들기도 하는 것은 그 사람의 세운 뜻에 달려 있는 것이다.

▨ 라 로슈푸코(La Rochefoucauld, 1613~1680, 프랑스의 작가)

위대한 영혼이란 범용한 영혼보다 정념이 적고 미덕이 많은 것은 아니다. 그것은 원대한 희망을 품고 있는 영혼이라고 하는 것이다.

▨ 칼라일(Carlyle, T., 1795~1881, 영국의 사상가)

이 세상의 모든 위대한 사람의 근원은 사람의 머릿속에서 먼저 계획된 것이다. 그러므로 그대의 사상을 먼저 풍부하게 하라. 저 대건축가라도 먼저 사람의 머릿속에서 그 형태가 된 연후에 만들어졌던 것이다. 현실은 사상의 그림자다.

▨ 발레리(Valery, P, A., 1871~1945, 프랑스의 시인·사상가)

가장 위대한 사람이란 자기가 옳다고 판단한 일을 감히 행동으로

옮긴 사람이다. 가장 어리석은 사람도 또한 그와 마찬가지이다.

■ 슈펭글러(Spengler, O., 1880~1936, 독일의 철학자)
사람은 저마다 자유를 누릴 권리가 있다. 그러므로 모든 사람은 자기가 행동하고 싶은 일을 하게 된다. 그러나 좀 더 위대한 사람은 시대가 바라고 있는 것, 즉 모든 사람이 행복하게 살 수 있는 미래를 위해 일을 한다.

■ 프랑스(France, A., 1844~1924, 프랑스의 작가·비평가)
정직이라든가, 친절이라든가, 우정이라든가 그런 보통 도덕을 굳건히 지키는 사람이야말로 정말 위대한 사람이라 할 만하다. 이 세상의 정말 행복은 물건을 받는 것이 아니고 물건을 주는 것이다.

■ 월타 조셉 히겔(전 미국 내무장관)
위대한 도시나 국가는 팔짱을 끼고 기다리는 사람들에 의해서가 아니라 일을 스스로 일으키도록 하는 사람들에 의해서 건설된다.

■ 헤겔(Hegel, G, W., 1770~1831, 독일의 철학자)
세계에서 정열 없이 이루어진 위대한 것은 없었다고 확신한다.

■ 베토벤(Beethoven, L, V., 1770~1827, 독일의 작곡가)
나의 심정과 정신은 어릴 때부터 친절한 것을 좋아하는 순하고 아름다운 감정으로 기울고 있었다. 나는 언제나 위대하고 훌륭한 일을 해내려고까지 생각하고 있었던 것이다.
자기에게 부과된 것 같은 기분이 드는 일을 완성하지 않고 이 세상을 떠난다는 것은 나에게는 불가능한 것 같이 생각되었다.

▨ 프로이트(Freud, S, 1856~1939, 오스트리아의 정신의학자)

위인은 현상에 만족하지 않는다. 끊임없이 뻗어가는 생명의 힘으로써 평범이라는 안개를 빠져나가려고 한다. 그러므로 밖에서 보기에는 매우 범인과는 다르고 이상스럽게 바라보인다. 혹은 때로는 미치광이로 보이는 일조차 있다. 그러나 어찌 알리요, 그들이야말로 참으로 건전한 정신의 소유자임을.

▨ 니체(Nietsche, F., 1844~1900, 독일의 철학자·시인)

인간에게 있어서 위대함을 표시하는 나의 정의(定義)는 '운명을 사랑하는 것'이다. 인간은 영원히 자기가 다른 것으로 변하는 것을 전혀 바라지 않는다는 사실이다.

▨ 나폴레옹(Napoleon, B., 1769~1821, 프랑스의 황제)

위대한 야심은 위대한 성격의 발로이다. 큰 야심은 반드시 크고 좋은 일을 하든지 아니면 크고 나쁜 일을 한다. 야심은 나무랄 것이 아니라 다만 그 야심을 이끌어 가는 데에는 위대한 도의심이 있어야 한다.

대 비극은 위인의 도장(道場)이다. 비극이 크면 클수록 그것은 영혼을 뜨겁게 만들고, 마음을 분기시키며 영웅을 창조할 수 있고 마땅히 창조하게 되어 있다.

▨ 힐티(Hilty, C., 1833~1909, 스위스의 철학자·법학자)

위대한 사상은 커다란 고통을 대가로 형성된다. 사람도 고통을 겪지 않으면 언제까지나 평범하고 천박함을 면치 못한다. 모든 고난은 오히려 인생의 참된 벗이다.

▨ 출처 미상

비소(卑小)한 정신은 불행에 의하여 길들여지고 굴복된다. 그러나 위대한 정신은 불행을 밟고 넘어서며 일어선다.

▨ 괴테(Goethe, 1749~1832, 독일의 시인·정치가·과학자)

영웅(英雄)이 아니면 영웅을 알아볼 수 없다.

▨ 서양 속담

영웅은 어려운 때에만 알려진다.

▨ 조덕송(저서 『인간관계론』)

인간이란 갈등이나 고통을 거치지 않고는 위대한 사람으로 성장하기가 어렵다. 괴로움을 참아내는 사람만이 참으로 위대한 재능을 발휘한다.

▨ 라스키(Laski, H, J., 1893~1950, 영국의 정치사상가)

좋은 사상이란 대부분에 있어 무리한 노력도 없이 남모르는 동안에 오는 것이다. 위대한 사람들의 지적 창조는 결코 괴롭고 어렵게 낳아지는 것이 아니다. 위대한 창조는 말할 나위 없이 위대한 사람들에 의해서만 가능하지만, 그 사람들은 결코 그것을 무리한 긴장으로써 창조해내는 것은 아니다.

▨ 안병욱(安秉煜, 1920~2013 , 한국의 철학자·교육자)

위대한 인간들은 하나의 원리, 하나의 근본적 덕성으로 일관되는 것 같다. 진실 혹은 성실을 생명으로 삼고 사(思), 언(言), 행(行)이 언제나 성실성으로 일관되는 것이 위대한 철학자나 사상가들의 특색이다.

사랑에 대하여

▨ 뤼케르트(Ruckert, F., 1788~1866, 독일의 시인·학자)

사랑은 이성이 절망하는 곳에 희망을 준다.

▨ 위고(Hugo, V, M., 1802~1885, 프랑스의 시인·소설가)

돌이 되려거든 자석이 되고, 초목이 되려거든 자수초가 되라. 그리고 사람이 되려거든 사랑하는 사람이 되라.

▨ 괴테(Goethe, 1749~1832, 독일의 시인·정치가·과학자)

패기와 사랑은 위업(偉業)의 양 나래가 되는 것이다.

사랑을 하는 것이 인생이다. 기쁨이 있는 곳에 사람과 사람 사이의 결합이 이루어진다. 사람과 사람 사이의 결합이 있는 곳에 또한 기쁨이 있는 것이다.

▨ 파스칼(Pascal, B., 1623~1662, 프랑스의 사상가·수학자)

너그럽고 부드러운 태도, 그리고 사랑을 지닌 마음, 이것이 사람의 외모를 아름답게 하는 힘이며, 그것은 말할 수 없는 큰 힘이다.

사람은 자기에게 유리하기 때문에 사랑하는 것이 아니라, 사랑 그 자체 속에서 행복을 발견하기 때문에 사랑하는 것이다.

▨ 나폴레옹(Napoleon, B., 1769~1821, 프랑스의 황제)
진실한 장부는 남을 미워하지 않는다.

연애를 하게 되었을 때 오직 한 가지 용기는 도망치는 것이다.

▨ 프롬(Fromm, E., 1900~1980, 미국의 사회사상가·심리학자)
올바르게 사랑한다는 것은 '생산적인 사랑'을 한다는 것이다. 내가 남을 사랑한다는 것은 적극적으로 남의 성장과 행복을 염려해 주는 것을 말한다. 내가 남을 사랑한다는 것은 책임을 진다는 것을 의미하는데, 책임을 진다는 것은 남의 욕구에 대해서 응답해 주어야 하는 것을 말한다.
내가 남을 사랑한다는 것은 남을 존경한다는 것을 의미하는데, 남을 존경한다는 것은 그를 있는 그대로 객관적으로 보는 것을 말한다. 내가 남을 사랑한다는 것은 남을 안다는 것을 의미하는데, 남을 안다는 것은 그 존재의 핵심을 안다는 것을 말하는 것이다.

▨ 소크라테스(Sokrates, BC 469~399, 그리스의 철학자)
정신의 사랑은 육체의 사랑보다 훨씬 뛰어난 것이다. 왜냐하면, 애정이 따르지 않은 단순한 육체의 결합은 어떠한 것이라고 할지라도 말할 가치가 없다는 것을 우리는 누구나 알고 있기 때문이다.

■ 라 로슈푸코(La Rochefoucauld, 1613~1680, 프랑스의 작가)

사랑의 기쁨이란 사랑하는 일이다. 상대편에게 사랑을 받게 되는 것보다 지금 자신이 품고 있는 정열에 의하여 행복한 것이다.

사랑은 불과 같아서 늘 동요하고 있어야만 이어 나간다. 기대하거나 두려워하지 않게 된다면 이제 끝장이 난다.

사랑을 하더라도 그다지 사랑하지 않는 듯 하는 것이 사랑을 받기 위한 확실한 방법이다.

사랑이라는 것이 되어나가는 것을 곰곰이 생각해 본다면 이는 우정보다도 증오를 닮은 데가 있다.

사랑도 노경(老境)에 들면 인생과 같다. 사람은 괴로워하기 위해서 살아간다. 이제는 즐기기 위해서가 아니다.

사랑의 최대의 기적이란 아양이 없어지는 일이다.

우리는 자기 사랑의 다소(多少)에 비례하여 자신의 행, 불행을 느낀다.

■ 테니슨(Tennyson, A., 1809~1892, 영국의 시인)

사랑하고 잃어버리면 사랑하지 않은 것만 같지 못하다.

■ 셰익스피어(Shakespeare, W., 1564~1616, 영국의 극작가)

사랑은 만인(萬人)에게, 신뢰는 소수(少數)에게.

사랑하면서도 현명해지려는 것은 인력(人力)으로써 미칠 수 없는 것이다. 신(神)으로서 비로소 겸할 수 있는 것이다.

■ 모루아(Maurois, A., 1885~1967, 프랑스의 작가·평론가)

어떤 사람을 마음속으로부터 사랑할 수 있으려면 그 사람의 높은 재능 외에 사랑할 만한 약점도 얼마쯤 아울러 가지고 있는 편이 좋다. 우리는 그 사람에 대해서 조금도 미소를 보낼 수 없는 인간을 전혀 사랑할 수 없다.

■ 레싱(Lessing, G., 1729~1781, 독일의 극작가·평론가)

결점 없는 벗을 믿지 말라. 그리고 처녀를 사랑할지라도 천사를 그리워하지 말라.

■ 러셀(Russell, B., 1872~1970, 영국의 작가)

자녀에 대한 부모 사랑의 진짜 가치는 주로 그것이 다른 어떤 애정보다도 훨씬 믿을만하다는 사실에 있다. 친구는 그의 장점 때문에 좋아지고, 애인은 그의 매력 때문에 좋아진다. 만일 그 장점이나 매력이 줄어들면 친구나 애인은 사라져 버릴 수도 있다. 그러나 부모가 가장 믿음직한 것은 불행할 때와 병들었을 때이며 또 올바른 부모라면 망신을 당할 때라도 의지(依支)가 되는 것이다.

■ 김재은(金在恩, 1931~ , 한국의 심리학자·교육자)

"아기가 없는 사람은 사랑이 무엇인지를 모른다."라는 속담이 있습니다. 부모는 아이를 갖는 경험을 통해서 진정한 사랑을 갖게 되는 것입니다.

◼ 한완상(韓完相, 1936~ , 한국의 정치인·복지단체인)

남을 용서해 주는 것은 바로 자기 자신을 용서해 주는 것과 같다. 이 말은 남을 미워하는 것은 곧 자기를 미워하는 것과 같다는 말로도 통하고, 남을 사랑하는 사람은 자기를 사랑하는 것과 같다는 뜻도 된다.

◼ 볼테르(Voltaire, 1964~1778, 프랑스의 철학자)

관용이란 무엇인가? 그것은 인간애의 소유이다. 우리는 누구나가 약함과 잘못으로서 이루어져 있는 것이다. 우리들의 어리석음을 서로 용서하자. 이것이 자연의 첫째 법칙이다.

◼ 베이컨(Bacon, F., 1561~1626, 영국의 정치가·철학자)

부부의 애정은 인류를 만든다. 친구의 애정은 그것을 완성한다. 그러나 방자한 애정은 그것을 부패시키고 타락시킨다.

◼ 크리슈나무르티(Krishnamurti, J., 1895~1986, 인도의 철학자)

정신의 활동이 존속하는 한 사랑은 있을 수 없습니다. 사랑이 있을 때 우리의 사회적 문제는 없습니다. 그러나 사랑은 노력으로 얻어지는 것이 아닙니다. 참된 이해력은 노력의 결과가 아닙니다. 그것은 우리가 표면적 의식층에만 머물지 않고 보다 깊이 숨어 있는 의식층에까지 이른 사고의 전 과정을 이해했을 때에만 생겨나는 것입니다.

이와 같은 문제를 이해하려면 우리는 극히 고요한 정신을 갖지 않으면 안 됩니다. 그렇게 되면 정신은 관념이나 이론을 끌어들이거나 주의력을 딴 곳으로 돌리는 일 없이 그 문제를 직접 볼 수 있게 됩니다. 이것은 대단히 어려운 일입니다.

움직이지 않고 참으로 고요한 정신 안에서만 사랑은 탄생합니다. 우리의 모든 문제를 해결할 수 있는 것은 사랑뿐입니다.

분명히 정신의 자기중심적인 활동을 초월하는 것이 삶의 목적입니다. 정신으로는 추측할 수 없는 상태를 경험했을 때, 바로 그 경험이 우리의 내부에 혁명을 일으킵니다. 그리고 거기에 사랑이 있을 때, 어떠한 문제도 일어나지 않습니다. 우리가 사랑할 줄 모르기 때문에 사회 문제가 발생하는 것이며, 따라서 그 문제를 처리하기 위한 이론이나 방식이 나오게 되는 것입니다.

사랑은 진실과 별개의 것이 아닙니다. 사랑은 시간으로서의 사고의 과정이 완전히 종식된 상태입니다. 사랑이 있는 곳에 혁명이 있습니다. 왜냐하면, 사랑은 순간 순간마다의 변혁이기 때문입니다.

아름다움에 대하여

▨ 휘트만(Whitman, W., 1819~1892, 미국의 시인)

　모든 아름다움은 깨끗한 피와 훌륭한 두뇌에서 태어난다.

▨ 아리스토텔레스(Aristoteles, BC 384~322, 그리스의 철학자)

　영혼의 아름다움을 보는 것은 육체의 아름다움을 보는 것만큼 쉽지 않다.

▨ 데모크리토스(Demokritos, BC 460?~370?, 그리스의 철학자)

　육체의 아름다움은 만약 지성이 그 밑바닥에 없다면 동물적인 것에 지나지 않는다.

▨ 와일드(Wilde, O., 1856~1900, 영국의 시인·작가)

　아름다운 육체를 위해서는 쾌락이 있으나 아름다운 영혼을 위해서는 고통이 있다.

▨ 베토벤(Beethoven, L, V., 1770~1827, 독일의 작곡가)

더욱 아름다운 것을 위해서라면 어떤 규칙이라도 깨뜨릴 수 있다.

음악은 모든 지혜, 모든 철학보다도 한층 더 고도의 계시이다.

신성(神性)으로 가까이 다가가서, 그것이 가지고 있는 빛을 인류 위에 뿌려주는 것 이상으로 아름다운 일은 없다.

진실로 아름다운 사람들, 다른 보잘것없는 사람들과 구별 지어 주는 본질적인 특징은 곤란한 역경을 견디는 데 있다.

▨ 라 로슈푸코(La Rochefoucauld, 1613~1680, 프랑스의 작가)

아름다운 것 중에서도 지나치게 완성되어 있는 것보다 거친 솜씨 그대로인 쪽이 훨씬 강력한 빛을 발하는 것이 있다.

여자의 쌀쌀함이란 자기의 아름다움을 돋보이게 하기 위한 치장, 화장품 따위다.

▨ 에머슨(Emerson, R, W., 1803~1882, 미국의 사상가·시인)

아름다움은 느낄 수 있고, 또한 만들 수도 있다. 그러나 정의할 수는 없다.

▨ 괴테(Goethe, 1749~1832, 독일의 시인·정치가·과학자)

아름다움은 예술의 최고의 원리이고, 또한 최고의 목적이다.

희망(希望)에 대하여

▨ 실러(Schiller, J., 1759~1805, 독일의 극작가)

산다는 것은 꿈꾼다는 것을 말한다. 현명하다는 것은 즐겁게 꿈
꾼다는 것이다.

▨ 영국 속담

커다란 희망은 위인을 낳는다.

▨ 괴테(Goethe, 1749~1832, 독일의 시인·정치가·과학자)

희망은 불행한 사람의 두 번째의 영혼이다.

▨ 제레미 리피킨(저서 『엔트로피 새로운 세계관』)

바라는 바를 얻을 수 있다는 느낌이 바로 희망입니다.

▨ 그린(Greene, G., 1904~1991, 영국의 소설가)

절망은 용서받을 수 없는 죄이다.

■ 키에르케고르(Kierkegaard, S, A., 1813~1855, 덴마크의 철학자)

절망은 죽음에 이르는 병이다. 자기의 집인 이 병은 영원히 죽는 것이며, 죽어야 할 것이면서 죽지 않는 것이다. 그것은 죽음을 주는 일이다.

아무런 꾸밈없이 자기의 절망에 관하여 말하는 사람은 자신이 절망에 빠져 있다고 생각하고 있지 않은 사람보다 구원을 받을 수 있는 쪽에 한걸음 가까이 있는 사람이다.

■ 출처 미상

신앙이 없다면 우리는 고독이나 회의 또는 절망에 사로잡힌 채 갈 길을 못 찾겠지만, 신앙이 있는 사람은 그 속에서도 기도를 드릴 수 있다는 데 차이가 있다고 말한다. 그러므로 그들은 절망의 공간에 살고 있으면서도 근본적인 의미에서 절망하지 않는다.

결혼(結婚)에 대하여

▨ 몽테뉴(Montaigne, M., 1533~1592, 프랑스의 사상가)

아름다운 여자에게선 얼마 가지 않아서 싫증을 느낀다. 선량한 여자에게서는 결코 싫증이 오지 않는다.

▨ 라 로슈푸코(La Rochefoucauld, 1613~1680, 프랑스의 작가)

잘한 결혼이라는 것은 있다. 그러나 사르르 녹아날 듯이 달콤한 결혼이라는 것은 여간해서 없다.

▨ 독일 속담

결혼은 쉽고, 살림은 어렵다.

▨ 소크라테스(Sokrates, BC 469~399, 그리스의 철학자)

결혼하는 것이 좋은가 안 하는 것이 좋은가? 그 어느 쪽이든 너희는 후회할 것이다.

◼ 보들레르(Baudelaire, C., 1821~1867, 프랑스의 시인)

연애를 인멸할 수가 없었으므로, 종교는 적어도 이것을 소독하려 했다. 그리고 결혼이란 것을 만들어 내었다.

◼ 프랭클린(Frankln, B., 1706~1790, 미국의 정치가·과학자)

결혼하기 전에는 두 눈을 왕방울같이 뜨고, 보고, 관찰하고 결혼한 다음에는 두 눈을 반은 늘 감아두고 사는 게 편한 일이오.

독신자는 하나의 불완전한 동물이며, 가위의 한쪽 날과 같은 존재이다.

◼ 아프리카 속담

결혼에는 고통이 있다. 그러나 독신자에게는 쾌락이 없다.

◼ 베이컨(Bacon, F., 1561~1626, 영국의 정치가·철학자)

미혼(未婚)의 남자는 벗으로서도 주인으로서도 또 사용인으로서도 가장 좋으나 국민으로서는 그렇지 않다. 다 그들은 도망하기 쉽게 궁둥이가 가볍고, 또 도망간 자들의 전부가 이런 사람들이다.

◼ 한완상(韓完相, 1936~, 한국의 정치인·복지단체인)

이성의 장점과 매력 때문에 정신없이 사랑하는 가운데서 결혼의 결정을 내리기보다는 상대방의 사람됨을 천천히 조명해 볼 수 있고 또 그 상대방의 결점까지도 사랑할 뜻이 생길 때 비로소 결혼의 결정을 내리는 것이 바람직하다.

그러므로 내가 저 남자와 결혼하게 되면 내 못된 성격도 고칠 수 있고,

그 남자의 약점도 얼마간 없앨 수 있겠다고 생각하면서 결혼해야 한다. 이 경우 결혼 생활은 실망의 연속이 아니라 자기 향상의 연속이 된다.

나는 결혼을 앞둔 젊은이들에게 상대방은 '남'이라고 하는 인식을 철저히 하라고 당부하고 싶다. 결혼해도 남편과 아내는 어디까지나 자기 개성을 뚜렷하게 지닌 고유한 독립적인 존재임을 잊어서는 안 된다.

애인과 부부간에도 에티켓은 지켜야 한다. 에티켓은 하나의 심리적 거리를 뜻한다. 부부간의 이 심리적 거리는 서로의 존중과 존경을 위해 필요한 완충지대이기도 하다.

아들, 딸 낳았다고 해서 이 완충지대를 쉽게 무너뜨리는 날, 결혼 생활은 지루한 권태의 함정 속으로 깊이 빠지게 될 것이다. 결혼해도 자기의 세계를 더욱 넓혀 가야 한다. 더욱더 고유한 개성의 인간이 되어야 한다. 그리하여 자기 분위기를 가져야 한다. 그때 결혼은 멋의 분위기를 담뿍 지닌 생활이 될 것이다.

▨ 김은우(저서 『새 사상과 교육』)

물론 남자와 여자의 사랑이라는 그 자체가 영원토록 한곳에 머물러 있으라는, 또한 있어야만 한다는 어떤 법은 아무 곳에도 없다. 다만 지각 있는 인간들은 서로를 이해하고 양보 내지는 자신을 억제하며 그 사랑의 종착점이 한 곳에 영원히 머물도록 지극히 어려운 노력을 하는 것이다.

봉사(奉仕)에 대하여

▨ 포드(Ford, H., 1863~1947, 미국의 기술자·실업가)

주로 다른 사람에게나 이 세상에 봉사하는 것을 위주로 하는 사업은 번영한다. 그러나 자기만의 이득을 위주로 하는 사업은 좀이 먹듯 사그라져 버린다.

▨ 홍기봉(저서 『공부 잘하는 길』)

희생적 노력이 없는 생각, 이기적인 생각을 제어하려는 노력이 없는 눈, 나쁜 것을 바람직한 것으로 보기 시작하는 마음을 가진 사람은 인생의 주된 목표를 상실했거나 도난당했거나 파괴된 사람이다.

▨ 『탈무드』(유대교 랍비의 이야기를 담은 책)

유대에서는 자선(慈善)을 베푸는 것이 관용이나 선심을 쓰는 데서 오는 것이 아니라 신에 대한 의무인 것이다. 부자가 생활에 곤란을 겪고 있는 사람에게 자선을 베푸는 것은 신에 대한 의무를 다하는 것이라고 교육되고 있기 때문이다.

자유(自由)에 대하여

■ 칸트(Kant, I., 1724~1804, 독일의 철학자)

　자유는 스스로 자유롭게 살 수 있는 사람에게만 깃든다. 그러므로 자유를 지킬 수 있고 누릴 수 있는 자는 누구나 자유를 친구로 삼을 수 있다.

　서로 자유를 방해하지 않는 범위에서 내 자유를 넓히는 것이 자유이다.

■ 정재각(鄭在覺, 1913~2000, 한국의 사학자·교육자)

　무릇 진정한 용기는 진정한 자신의 신념에서 솟을 것이며, 자신의 신념은 곧 자기 결정의 능력, 즉 자유가 존재하는 곳에서 찾을 수 있다.

■ 라스키(Laski, H, J., 1893~1950, 영국의 정치사상가)

　이성(理性)에 대한 존경이 있는 곳, 그곳에 또한 자유에 대한 존경이 있다. 자유에 대한 존경이 있음으로써 비로소 인생은 참으로 아름다워질 수 있는 곳이다.

▨ 출처 미상

각인(各人)은 제각기 상대의 마음이 향하는 대로 두어 두고 간섭할 것이 아니며 상대방에게 자기의 생각을 강요하거나 하지 말고, 상대방이 곤란한 처지에 놓여 있을 때만 원조를 아끼지 않도록 해야 할 것이다.

▨ 케네디(Kennedy, T, F., 1917~1963, 미국의 정치가)

곤란한 매일 매일이 반드시 어둡다고는 할 수 없다. 이러한 날들은 평화와 자유의 대의를 위하여 자랑스러운, 또 잊을 수 없는 매일이라고 생각한다.

모든 나라에서 자유가 번영하지 않는 한, 한 나라에서만 그것이 번영할 수는 없다.

▨ 트루게네프(Turgenev, I., 1818~1883, 러시아의 작가)

지식은 자유의 원천으로서, 지식처럼 인간에게 자유를 주는 것은 없다.

▨ 루소(Rousseau, J, J., 1712~1778, 프랑스의 사상가)

사람들은 세상이 마음대로 되지 않는다고 한탄한다. 누구나 자유를 원한다. 그러나 대개 자유가 무엇인지 모르고 있다. 세상이 마음대로 되지 않는다고 푸념하는 사람은 자기 내부가 무정부 상태에 있기 때문이다. 참된 자유인에게는 자기 내부에 규칙이 있고, 법률이 있다. 밖에서 정해준 것이 아니고 자기 스스로가 정한 그 규칙과 법률을 좇아가는 것이다. 이것이 참된 자유이며, 자유의 생활이다.

■ 피타고라스(Pythagoras, BC 582~497, 그리스의 철학자·수학자)

자유란 마음대로 행동하는 것을 의미하지는 않는다. 그것은 혼돈된 자기 마음을 그대로 방치해 두는 것밖에 되지 않는다. 자유라 하면 우선 자기 내부를 정리하고 질서를 세운 데서 출발한다. 자기 자신을 정리하지 않은 행동은 임자 없이 멋대로 달리는 말이나 다름없다. 목표가 없는 행동은 하나의 방종이다. 모든 자유로운 행동의 원칙은 그 내부에 질서가 있고 목표가 분명한 점에 있다.

■ 프랑스 속담

자유의 최대의 적은 방종(放縱)이다.

■ 키에르케고르(Kierkegaard, S, A., 1813~1855, 덴마크의 철학자)

인간에게도 가만히 보면 어리석은 점이 한 가지 있다. 자기가 지니고 있는 자유를 이용하려고 하지 않고, 자기에게 없는 자유만을 원하고 있다.

■ 크리슈나무르티(Krishnamurti, J., 1895~1986, 인도의 철학자)

평화를 얻기 위해서라면 평화스러운 수단을 취해야만 한다. 수단이 폭력이라면 어찌 그 목적이 평화스러울 수 있겠는가? 자유가 목적이라면 시작 그 자체부터 자유스러워야 한다. 시작과 끝은 하나이기 때문이다.

■ 박상화[저서 『정이(正易)를 바탕으로 한 영가와 평화 유희』]

수중을 떠난 물고기는 이미 자유란 없고, 공중이 아니면 새는 날을 수가 없다. 사람은 천도(天道)에 합치한 인도상(人道上)에서만이 자유를 가질 수 있는 것이다.

어느 철학자의 말처럼 "현자만이 자유이고 악인은 항상 비자유이다".

인간 생애에 있어 외부 세계는 너무도 거칠고, 난폭하고, 내부 세계는 굳게 봉해져 있어 어쩔 줄 모를 정도로 답답한 것이 인생의 모습이 아닌가? 저 문예 부흥이라든가 프랑스 대혁명을 일으킨 그 동기가 모두 이 부자연한 모습을 없애고 인간으로서 진정한 자유를 쟁취코자 함에 있었던 것 아닌가.

▨ 김구(金九, 1876~1946, 한국의 독립운동가)

산에 한 가지 나무만 나지 아니하고, 들에 한 가지 꽃만 피지 아니한다. 여러 가지 나무가 어울려서 위대한 산림의 아름다움을 이루고, 백 가지 꽃이 섞여 피어서 봄들의 풍성한 경치를 이루는 것이다. 우리가 세우는 나라에는 유교도 성하고 불교도 예수교도 자유로이 발달하고 또 철학으로 보더라도 인류의 위대한 사상이 다 들어와서 꽃이 피고 열매를 맺게 할 것이니 이래야만 비로소 자유의 나라라 할 것이요, 이러한 자유의 나라에서만이 인류의 가장 크고 가장 높은 문화가 발생할 것이다.

나는 정치에 있어서 너무 인공을 가하는 것을 옳지 않게 생각하는 자이다. 대개 사람이란 전지전능할 수가 없고, 학설이란 완전무결할 수 없는 것이므로 한 사람의 생각, 한 학설의 원리로 국민을 통제하는 것은 일시 속한 진보를 보이는 듯하더라도 필경은 병통이 생겨서 그야말로 변증법적인 폭력의 혁명을 부르게 되는 것이다.

모든 생물에는 다 환경에 순응하여 저를 보존하는 본능이 있으므로 가장 좋은 길은 가만히 두는 길이다. 적은 꾀로 자주 건드리면 이익보다도 해가 많다. 개인 생활에 너무 잘게 간섭하는 것은 결코 좋은 정치가 아니다.

▨ 출처 미상

여러 가지 문제를 인간의 조건으로서 받아들이고 문제가 없는 상태를 행복과 동일시하지 않는 사람은 가장 지성이 뛰어난 사람이다. 당신은 감정을 인생의 조건으로서가 아니라 하나의 선택으로서 생각할 수 있기 때문이다. 이것이 바로 인간 자유의 본질이다.

자유란 곧 개방을 의미하며 성장을 위한 준비를 의미한다. 이것은 더욱 큰 융통성을 요구하고, 더 큰 인간의 가치를 위해서는 언제든지 변화할 수 있는 준비가 되어 있어야 한다. 이렇게 보면 인간이 자기가 속해 있는 조직체와 완전히 동일시된다면 그것은 자유를 부인하는 결과가 된다. 즉, 전통에 얽매여 여태껏 옳았던 것은 언제나 옳은 것으로만 생각한다면 우리는 모든 것을 잃게 되고, 여기에는 자유정신도 없으며 장래의 자유를 위한 성장도 없는 것이다.

자유란 인간이 당면하는 현실을 무작정이 아니라 선택을 통해서 받아들이는 것을 말한다. 우리가 어떤 일을 하지 못한다고 한계선을 긋는 것은 단순한 자유의 폭이 아니라 하나의 건설적인 자유의 행사인 것이다. 때로는 하지 않아야 한다고 선을 그음으로써 더욱 창조적인 결과가 올 수 있기 때문이다. 자유를 위해서 노력하는 사람은 현실에 급급하여 시간을 낭비하지 아니하고 키에르케고르처럼 현실을 지배하는 것이다.

자유란 자동으로 닥쳐오는 것은 아니다. 그것은 쟁취되어야만 한다. 또한 단숨에 얻어지는 것도 아니다. 그것은 하루하루마다 성취

되어야 한다. 괴테는 『파우스트』를 통해서 궁극적인 교훈을 강력하게 던져 주었는데,

암! 나는 이 생각에 이르기까지
굳게 믿고 있도다.
이 진리는 지혜의 마지막
자유와 존재를 향유하려면
매일 새로이 정복하는 자세가 필요하다.

증오와 노여움은 인간의 내적 자유를 일시적으로는 유지시켜 준다. 그러나 이 증오를 이용해서 실제 생활에 있어서의 자유와 권위를 되찾지 못한다면 조만간 증오감이 자기를 파괴하고 말 것이다. 어느 누군가의 시에도 있지만, 우리의 목표는 '바람을 불게 하기 위해서 증오를 불태운다'는 데 있는 것이다.

▨ 이극찬(李克燦, 1924~2009, 한국의 정치학자)
원래 자유라는 것이 문제가 되는 것은 자유가 인격 성장의 불가결의 조건이기 때문이다.

라스키에게 있어서 자기의 최선은 반드시 인류 사회에 도움이 되는 방향에서 실현되어야 하는 것이다. 오직 자기 한 몸만의 향락, 거대한 재산의 축적 등을 지향하는 데서는 자기의 최선은 실현을 볼 수가 없다. 따라서 그는 '나는 스스로 남에게 봉사하지 않으면 안 된다. 그러므로 다른 사람의 봉사에 의해서 생긴 것으로써만 생활해서는 안 된다.'라고 강조한다. 그리고 사람은 권리로서의 자기실현을 위해서도, 의무로서의 사회봉사를 위해서도 무엇인가 창조하지 않으면 안 된다.

그렇게 되기 위해서는 창조 활동을 할 수 있는 길이 열려 있어야한다. 그 길이란 곧 자유이다. 이러한 창조 활동을 위한 자유로운 길을 터놓는 것이 바로 국가와 사회의 의무이다.

▨ 아인슈타인(Einstein, A., 1879~1955, 미국의 이론물리학자)
아무리 건강한 맹수라 할지라도 배부를 때 먹이를 주면서 먹으라고 채찍질해 보았자 오히려 식욕을 떨어뜨리게 할 뿐이다.

철학적 의미에 있어서의 인간의 자유를 나는 믿고 있지 않다. 모든 사람은 외적인 강제력에 의해서 뿐만 아니고 내적인 필연성에 따라서도 행동한다.
"인간은 그가 의욕하는 바를 해낼 수는 있지만, 그가 의욕할 것을 의욕할 수는 없다."라고 한 쇼펜하우어의 말은 나를 고무시켰으며, 또한 자신 및 다른 사람의 인생이 곤경을 당했을 때는 끊임없는 위안과 확고한 인내의 원천이 되어 왔었다.

외적, 내적 자유가 끊임없이 의식적으로 추구될 때만이 정신적 발전과 완성의 가능성, 또 인간의 외적, 내적 생활을 개선하는 가능성이 현존하게 되는 것이다.

참으로 위대하며 고무를 느끼게 하는 모든 것은, 자유롭게 일할 수 있는 개인에 의해서 창조되기 때문이다. 무엇인가 제약이 정당화되는 것은 그것이 생존의 안전 보장에 필요한 때에만 그러한 것이다. 다음과 같은 격언에는 많은 진리가 있다. 즉 남에게 올바르고 현명하게 충고하기는 쉽지만 스스로 올바르고 현명하게 행동하기는 어렵다!

▨ 몽테뉴(Montaigne, M., 1533~1592, 프랑스의 사상가)

　가장 훌륭한 영혼이란 가장 변통자재(變通自在)하는 바로 그것이다.

　아아, 무지와 무관심이야말로 훌륭하게 만들어진 두뇌를 휴식시키는데 얼마나 편안하고 부드러운 건강에 좋은 목침이냐.

▨ 보들레르(Baudelaire, C., 1821~1867, 프랑스의 시인)

　어느 사람에게도 자신을 말할 권리가 있다. 남을 지루하게 하지 않는 한.

종교(宗敎)에 대하여

▨ 아미엘(Amiel, H., 1821~1881, 스위스의 철학자)
　종교는 방법이 아니고 생활이다.

▨ 영국 속담
　종교는 말이 아니고 실천이다.

▨ 칸트(Kant, I., 1724~1804, 독일의 철학자)
　모든 종교는 도덕을 그 전제로 한다.

　지상에 신의 나라를 실현하는 것— 이것이 인류 최후의 목적이며, 희망이다. 그리스도는 우리에게 이 천국을 가깝게 해 주었다. 그러나 사람들은 그를 이해하지 않고 우리 마음속에 신의 나라를 세움이 아니라, 땅 위에 종의 나라를 세운 것이다.

▨ 에드워드 더보노(저서 『세계를 움직이는 30인의 사상가』)
　예수는 하나의 대안으로서의 우주를 내놓았다. 사람들이 하나님에게 좀 더 가까이 가려고 다른 사람들의 어깨 위로 기어오르는 특권과 이득의 위계적 질서를 부정하고, 모든 인간이 그 안에서 평등한 하나님의 나라를 제시했다.

이 우주에는 성도들, 성인(聖人)들만이 아니라 죄인들이 있을 자리가 있으며, 의인뿐만 아니라 온유한 사람과 겸손한 사람들이 설 자리도 있었다.

■ 베이컨(Bacon, F., 1561~1626, 영국의 정치가·철학자)

얕은 학문은 무신론(無神論)으로 기울어지고, 깊은 학문은 종교로 인도한다.

■ 아인슈타인(Einstein, A., 1879~1955, 미국의 이론물리학자)

종교 없는 과학은 절름발이며, 과학 없는 종교는 맹목(盲目)이다.

우리가 가질 수 있는 가장 아름다운 경험은 신비이다. 참된 예술과 참된 과학의 발상지는 이 기본 감정이다. 누구를 막론하고 이것을 모르거나, 또 신비스럽게 느끼지 못하거나 경탄할 줄 모르는 사람은 시체와도 같은 것이다. 그의 눈은 어두운 것이다.

종교를 만드는 것 — 비록 공포가 내포되어 있다 해도 — 은 신비의 경험이다. 우리가 침투해 들어갈 수 없는 그 무엇이 존재하고 있음을 아는 것, 오로지 가장 원시적인 형체에서만 우리의 의식 세계에 스며드는 가장 심오한 이성과 가장 찬란한 미를 감지한다는 것, 바로 이 지식과 감정이 참된 종교를 구성하는 것이다. 이 의미에서 볼 때 그리고 이 의미에서만, 나는 깊은 종교인인 것이다.

종교적으로 계발된 인격이란, 나에게는 다음과 같은 것으로 생각된다. 즉 자기 능력이 자라는 한, 이기적인 욕망과 구속으로부터 자기 자신을 해방시키고, 초개인적인 가치 때문에 집착하고 있는 사상, 감정, 포부에 여념이 없는 사람인 것이다.

구약 성서를 보면 '공포의 종교'에서 '도덕의 종교'로 발전한 모습을 엿볼 수 있다. 모든 문화 민족의 종교, 특히 동양인의 종교도 본래는 도덕적 종교이다. 공포의 종교에서 도덕의 종교로 발전한 것은 민족 생활의 커다란 진보가 아닐 수 없다.

▨ 이일청, 신성우(저서 『동방의 밝은 빛』)
　종교는 인간의 정신과 영혼을 풍부하게 한다. 현실의 육체적인 욕구에만 치닫기 쉬운 인간의 본능을 억제하고 조정하는 것은 그의 정신이며 또한 이 정신을 조정하는 것은 종교이다.
　인간의 본체를 구명하게 하고 그 존재의 가치를 발휘하게 하고 본성을 회복시키는 것이 곧 종교의 목적이며 사명인 것이어야 한다.

▨ 김용정(논문 『동양철학에서 본 서양철학』)
　라나크리슈난(Radhakrishnan)은 모든 참된 종교는 본질적으로 내세적이라는 것이다. 종교와 휴머니즘은 서로서로 유기적인 관계를 맺고 있는 것이며, 종교의 으뜸가는 가치는 인간의 내면을 승화시키고 확장시켜 주는 힘에 있다고 하였다.
　확고한 정치적, 경제적, 사회적 안정을 줄 수 있는 힘이 될 때만 참된 종교의 구실을 할 수 있다.

▨ 윤태림(尹泰林, 1908~1991, 한국의 법조인·교육자)

유교에 있어서는 완전한 인간, 즉 군자가 되고자 끊임없이 자제심을 발휘한다. 그리하여 정열과 과격한 행위를 지성과 의지력으로써 통제하여 생활을 통일시키고자 한다. 그러나 유교에 있어서의 인격은 '유용한 개별적 자질의 결합'이기 때문에 안에서의 인격의 통일이 아니고 다만 '밖에서의 적응'에 불과하다고 웨버는 보았다.

유교 윤리에 있어서는 앞서 본 바와 같이 보편적으로 타당한 인간 윤리는 없고, 다만 대인 관계 여하에 따라서 달라지는 특수한 개별적 성격을 갖고 있다. 그리하여 자기와 가까운 가족, 부자 관계, 혈연관계, 향당 관계를 중요시하며 존중하는 것이 당연하다고 보는 것이다.

유교는 개인의 자유보다 권위를 먼저 앞세운 사상이라 하겠다. 유교의 도덕은 통치자를 위한 윤리요, 피지배자가 지배자에게 굴복하는 것을 요구하는 정치도덕이요, 권력자, 통치자, 상위자가 그 지위를 확보하고 이를 옹호하기 위한 정책적인 정치윤리라 할 수 있다.

유교에서 본 인간관은 사람을 하나의 독립된 인격자로 본 평등한 인간관이 아니고, 종적 관계에서 본 불평등한 차별적 인간관계이다.

유교에서 말하는 이상적인 인간상은 군자이다. 군자의 가장 중요한 요소는 덕이다. 자유스러운 충동을 억제하는 소위 '외면적 존엄의 원리'가 강조되어 왔다.

유교는 소위 독서계급들을 양성해 내는 데 큰 공헌이 있었다고 볼수 있다. 유교는 실천 도덕에 관한 윤리서이다. 물론 종교도 아니다.

군자(君子)에 대하여

▨ 장자[莊子, BC 365?~290?, 중국 도가(道家)의 대표자]
　군자의 사귐은 담담하기가 물과 같다.

▨ 『논어』[論語, 유교경전 사서(四書)의 하나]
　군자의 과실은 일식(日蝕)이나 월식(月蝕)과 같아서 잘못을 저지르면 사람들은 모두 이것을 보고, 고치면 사람들은 모두 이것을 우러러본다.

▨ 김학주(『공자 이야기』, 한국자유교육협회, 1970)
　예의에 의하여 겉모양과 행동이 다듬어지고 좋은 음악에 의하여 마음이 바르고 화평하게 다스려진 사람이 군자(君子)이다. 군자에서 한 걸음 더 나아가 세상의 모든 이치를 통달하게 된다면 성인(聖人)이 되는 것이다.

　이기적인 행동을 하지 않으셨다는 것은 도덕적으로 위대한 분임을 뜻하기도 하지만은 공부하는 데 있어서도 자기 한 몸의 출세나 행복보다도 온 세상 사람들을 위한 공부를 하셨음을 뜻한다.
　공자님의 이상이란 사랑과 정의와 예의와 지혜 같은 올바른 개인의 윤리가 바탕이 되는 덕(德)을 온 세상에 폄으로써 살기 좋은 평화로운 세상을 이룩한다는 것이다.

◼ 모기윤(한국의 아동문학가)

인격이 갖추어지지 않고는 모든 것이 자연스럽게 이루어질 수 없다. 마음속에 야심을 품고 있는 사람은 곁눈질하거나 초조하기 마련이다. 소위 옛날에 군자라는 이들은 태산이 우뚝 솟은 것처럼 경거망동하지 않고 의젓하다. 이처럼 말이나 모든 자세는 인격의 발로이므로 어떠한 대인 관계에서도 인격의 도야가 이루어지지 않은 사람의 말은 우리에게 아무런 영향도 미칠 수 없는 것이다.

◼ 정예(저서 『국민성 개조론』)

인간이 인간을 이기는 지혜는 1급 지혜가 아니다. 이처럼 남을 이기기 위한 지혜도 아니고 나만을 위한 지혜도 아니고 나와 남을 위한 화합의 지혜를 최상의 지혜라 한다.

소인의 지혜는 자기만을 위한 지혜, 군자의 덕이 없는 지혜, 진리의 깊음이 결여된 지혜, 진실한 삶의 보탬이 되지 못하는 지혜를 말한다. 우리 사회의 풍조가 점점 메말라가고 있다는 얘기다. 여유가 없어지고, 인정이 없어지고, 그러므로 대화다운 대화가 사라지고, 사람 사는 맛이 달라지고, 사상이 빈약해진다. 메말라 가는 세태 속에서 자타가 공영하는 지혜를 이루기는 실로 어렵다.

대의(大義)는 자기 자신을 버리는 삶의 행위를 말한다. 똑똑하다거나 아는 것이 많아야 한다거나, 물질이 풍부해야 한다는 식의 생활 자세는 결코 지혜 있는 삶이 아니다.

인(仁)에 대하여

▨ 공자[孔子, BC 552~479, 유가(儒家)의 시조]
　천(天), 지(地), 인(人) 이 세 가지가 잘 조화가 되어 하나가 된 것을 인(仁)이라 한다.

　인(仁)이란 그 사람을 건전케 하고 온전케 하는 것이다. 그런 의미에서 인이란 도(道)와 다를 것이 없다.

　인(仁)의 태도는 공손하고, 마음은 너그럽고, 행동은 신실하고, 생각은 민첩하고, 남에 대해서는 인정이 많아야 한다.

　어진 이를 보면 그처럼 되려고 생각하고, 어질지 못한 이를 보면 마음속으로 자신을 반성한다.

　군자가 도(道)를 닦아서 인(仁)이 되면 그 인을 온 천하에 넓히는 것이 명(明)이다.

▨ 이황(李滉, 1501~1570, 조선의 유학자)

성인의 학문은 인(仁)을 탐구하는 데 있으니 인의 본뜻을 깊이 체득할 때에 천지와 만물이 일체가 됨을 체험하게 될 것이며, 무엇을 보든지 무엇을 듣든지 공감하여 나와 남이 막힌 데가 없고 두루 통하지 않은 데가 없는 것이니 인의 실체라고 할 것이다.

▨ 『논어』[論語, 유교경전 사서(四書)의 하나]

지자(智者)는 당혹하지 않고, 인자(仁者)는 근심하지 않고, 용자(勇者)는 두려워하지 않는다.

인(仁)에 사는 것보다 더 아름다운 일은 없다.

교육(教育)에 대하여

▣ 아리스토텔레스(Aristoteles, BC 384~322, 그리스의 철학자)
국가의 운명은 청년의 교육에 달려 있다.

▣ 스마일즈(Smiles, S., 1812~1904, 영국의 문필가·의사)
사람은 누구나 교육에 의하여 진보하게 된다.

▣ 소크라테스(Sokrates, BC 469~399, 그리스의 철학자)
스스로 천성이 우수하다고 믿기 때문에 교육을 받지 않아도 좋다
고 생각하는 것은 틀린 생각이다. 천성이 우수한 자야말로 더욱 교
육이 필요한 것이다.

▣ 멜란히톤(Melanchton, P, S., 1497~1560, 독일의 종교개혁자)
한 청년을 적당히 훈련하는 공(功)은 성(城) 하나를 전취(戰取)하는
것보다 뛰어난 일이다.

■ 루소(Rousseau, J, J., 1712~1778, 프랑스의 사상가)

교육의 목적은 기계를 만드는 데 있지 않고, 인간을 만드는 데 있다.

■ 출처 미상

교육의 목적은 다만 사람으로 하여금 이 생애를 즐겁게 하는 데에 그치지 않고 아울러 그 즐거운 생애에서 무슨 일인가를 하는 데 있다.

■ 러스킨(Ruskin, J., 1819~1900, 영국의 저술가·비평가)

아무리 아는 것이 많고 글을 잘 쓰는 사람이라 해도 남에게 도움이 되지 않는다면 그 사람은 올바른 교육을 받았다고 할 수 없다. 참된 교육은 남을 위하여 일할 수 있는 현명한 사람을 만드는 데 있다.

교육의 의의는 사람들이 알지 못하는 것을 알도록 가르치는 것이 아니라, 사람들의 일상 거동을 아주 새로워지게 하는 데 있다.

■ 플라톤(Platon, BC 427~347, 그리스의 철학자)

교육을 받지 않으면 태어나지 않은 것보다 못하다. 왜냐하면, 무식은 불행의 근원이기 때문이다.

■ 헤로도토스(Herodotos, BC 484~425, 그리스의 역사가)

어떠한 강제도 본래의 무능력에는 이기지 못한다.

■ 기번(Gibbon, E., 1737~1794, 영국의 역사가)

교육은 자기 자신의 노력으로 이루어지는 것과 다른 사람의 힘으로 이루어지는 두 가지가 있다. 그러나 자기 자신의 노력으로 이루어지는 것이 남의 힘으로 이루어지는 것보다 훨씬 가치가 있다.

■ 영국 속담

공부만 하고 놀게 하지 않으면 어린이는 반 천치가 된다.

■ 스펜서(Spencer, H., 1820~1903, 영국의 철학자)

무리한 가르침은 지능을 개발하는 것보다는 오히려 마음과 지혜의 힘을 억누르게 하고 그 발달을 막아주는 것이 된다. 가르침이란 한 사람의 마음과 행동이 그대로 많은 사람에게 표본이 되는 것이다.

교육의 참다운 목적은 어린이들로 하여금 스스로 생활하고 노력하여 일할 수 있는 기틀을 마련해 주는 데 있다. 교육을 받은 사람이 자주(自主), 자조(自助)의 정신을 갖지 못하고 있다면 이는 차라리 교육을 받지 못한 사람보다 더 못한 사람이 되고 말 것이다.

■ 듀이(Dewey, J, F., 1859~1852, 미국의 철학자·교육자)

교육의 목적은 각 개인이 자기의 교육을 계속할 수 있도록 하는 데 있다.

경쟁적 동기와 방법은 협동 정신을 위하여 포기되어야 한다. 다른 사람들과 더불어 상호 간의 이익을 위하여 일하려는 욕망이 학교 행정과 수업의 지배적인 세력이 되어야 한다.

교육의 목적을 개인적인 출세를 위해 능력을 강화하는 데 있다는 생각으로 개인의 성공을 고취하는 대신에, 학생들로 하여금 다른 사람들과 협력하여 빈곤, 질병, 무지 및 오락의 저속한 기준을 상대한 공동 투쟁의 반열에 참여할 수 있도록 현명하게 자신들을 조직하는 능력을 훈련하여야 한다.

▨ 솔로몬

교육은 지혜가 있는 사람을 더욱 지혜롭게 만들며, 어진 사람을 더욱 착하게 만드는 힘을 가지고 있다. 그러나 반대로 공부하기 싫은 자를 더 게으른 자로 만들 수 있다. 교육을 받고도 게을러진다면 이는 차라리 교육을 받지 않은 것만 못하다.

▨ 괴테(Goethe, 1749~1832, 독일의 시인·정치가·과학자)

우리가 받은 애매하고 산만한 교육은 사람을 불확실한 존재로 만들고 마는 것이다.

▨ 김구(金九, 1876~1946, 한국의 독립운동가)

교육이란 결코 생활의 기술을 가르치는 것만을 의미하는 것이 아니다. 교육의 기초가 되는 것은 우주와 인생과 정치에 대한 철학이다. 어떠한 철학의 기초 위에 어떠한 생활의 기술을 가르치는 것이 곧 국민교육이다.

▨ 머셀(저서 『음악교육과 인간 형성』)

교사 대부분은 무엇인가 재미없는 것을 하지 않으면 교육적인 가치는 없는 것으로 믿고 있는 듯하다. 그들은 고된 일 자체에 가치가 있는 것처럼 믿고 있다. 즉, 일에 감격이 없으면 진보는 더디고 또 성과도 적다는 확고한 사실을 모르고, 단지 노고 그 자체의 효력과 필요성의 신앙을 맹신하는 것이다. 음악의 교육적, 도덕적 가치는 음악 공부가 따분한 수고의 되풀이일 때에는 절대로 얻어지지 않는다. 그러한 가치를 낳는 기반은 음악 자체의 예술적 가치에 의한 자극과 계발이며, 이 기반에 음악의 진보와 음악을 통해서의 교육 진보의 비밀이 있는 것이다.

학과의 윤리성은 학습에 의해서 학생의 생활 행동이 보다 충실해질 때 누구의 눈에나 명백히 보이는 것이다. 그 반대로 만일 학과가 인간의 생활과 관계없이 학문을 위한 학문으로서 행해질 때는 그 윤리적 가능성은 학생의 행동에도 생활에도 나타나지 않는다.

교육의 본질은 지식이나 기술의 습득만은 아니다. 충분한 지식, 넓은 이해력, 고도의 기술, 이런 것은 모두 생활과 행동의 수준을 높이는 중요한 수단이기는 하지만 교육의 궁극적인 목적은 어디까지나 생활과 인격의 고양(高揚)이어야 한다. 그러므로 교육의 목표는 가장 넓고 가장 진실한 의미에서의 도덕성(道德性)이라는 것이 된다.

도덕성에는 안과 밖의 양면이 있다. 사회적 행위가 되어 나타나는 것이 그 외면인데 덕성이 있는 사람이란 사회에 잘 순응하는 사람을 가리킨다. 그러나 그것은 단순한 순종이라는 의미에서가 아니라 협조성, 즉 자진하여 우호적인 사회적 행위를 생각해내는 능력과 자기를 사회의 요구에 유연하게 개성을 갖고 순응시키는 독자적인 태도를 지닌다는 뜻이다. 도덕적으로 위험하거나 다루기 어려운 사람을 개심(改心)시키는 데는, 사회 질서에 순응하는 방법을 알려 주고, 인간이 배워야 할 가장 중요한 태도, 타인과 협력해서 건설적으로 살아나가는 태도를 길러 주어야 한다.

정신적 성장의 출발점은 문제에 덤벼들려는 도전(challenge)인데, 거기서 끝나버리면 아무 소용이 없다. 그 도전을 막아내고 극복하여 문제를 파악하는 힘이 정확해지고 식별력이 예리해져야 한다.

정신적 성장의 첫째 조건은 도전, 즉 지금은 할 수 없지만 해 볼 가치가 있는 것이므로 할 수 있게 되었으면 하는 느낌이다. 이것이 곧 성장 과정의 출발점이 된다.

지식, 기술 또는 갖가지 사상이나 관습, 풍속 등의 문화적 자원은 그 자체가 학습의 목적이 되면 그 교육적 가치는 상실되고 만다. 베토벤이 「소나타」를 작곡한 것은 음악 교사에게 피아노의 교재를 제공하기 위해서는 아니었던 것이다. 우리에게 주어진 지적 유산은 인간 생활을 풍부하게 하기 위한 것이라 하겠다. 그러므로 우리 인간의 행동 전체가 그 영향에 의해서 향상되는 것이 아니면 진정으로 지적 유산의 혜택을 받을 만큼 받았다고 할 수 없다. 커리큘럼(curriculum)의 내용은 정신의 양식이라고도 할 만한 것인데, 그 내용은 학생의 정신에 동화하여 소비되기 위한 것이다. 즉, 인간 정신의 양식이 되고 성장을 촉진하기 위한 것이다.

어째서 학과는 가르치고 또 배워야만 하는 것일까, 어째서 역사, 문화, 과학 따위가 필요한 것일까 하는 질문은 참으로 교육을 찌르는 것이다. 나는 이에 대하여 다만 한 가지를 분명하게 대답하겠다. 즉, 무엇인가를 배우는 것은 산다고 하는 큰일을 훌륭하게 성취하기 위해서라고 하겠다. 요약하자면 우리가 보다 충족하게 살고, 보다 선량하며,

보다 따뜻한 마음의 인간이 되기 위해서이다.

학교 교육에서 전통적으로 중시되고 있는 과목도, 또는 일견해서 매력이 있고 중요해 보이는 과목도 그 자체로는 전혀 가치가 없다. 그것을 배우는 사람들이, 늙은이든 젊은이든 보다 나은 삶을 영위하게 되었을 때 비로소 그것을 배운 가치가 있었다고 하겠다.

교육은 성장의 길잡이이다. 그리고 거기에 도움이 되는 경험만이 교육적으로 가치가 있다.

문화는 인간이 생활의 모험 속에서 축적한 지혜의 보고(寶庫)이며, 또 사회적 유산이다. 개인의 교양은 이 광대한 조상의 유산에서 이어받은 각자의 몫이기에 교양을 갖추는 행위는 상속 행위가 된다.

▨ 아인슈타인(Einstein, A., 1879~1955, 미국의 이론물리학자)

여러분이 학교에서 배우는 훌륭한 것은 세계 각국에서 열성적인 노력과 끊임없는 노동으로써 산출된 여러 세대의 업적이라는 것을 마음속에 간직하시기 바랍니다. 이 모든 것은 상속된 재산으로서 여러분들의 손에 넣어준 것이요, 여러분은 이것을 받고 존경하고 언젠가는 여러분의 자녀들에게 충실히 물려줄 수 있어야 합니다. 그럼으로써 우리 인간들이 공동으로 창조하는 영원한 것에서 불후의 영예를 이룰 수 있습니다. 만약 여러분이 이 사실을 언제나 마음속에 간직하고 있으면 삶의 뜻을 발견할 것이고, 다른 나라의 국민이나 시대에 올바른 태도를 보이게 될 것입니다.

교육의 목표는 제시된 것이 귀중한 선물로서 감지(感知)되어야 하지, 어려운 의무로서 감지되어서는 안 됩니다.

지식은 살아있는 것이 아닙니다. 그러나 학교는 산 것을 제공하는 것입니다. 학교는 국가 사회의 복지에 가치 있는 성질과 능력을 젊은 개인 속에 육성해 내야만 합니다.

개성적 독창성이나 개인적 목표가 획일적인 개인으로 이루어진 사회는 발전할 가능성을 갖지 못한 빈약한 사회로 되기 때문입니다. 우리의 목표는 독립으로 활동하고 독립으로 사색하는 모든 개인을 육성하는 데에 있어야 합니다. 그러나 그런 개인은 사회에 봉사하는 것에서 자기 인생의 최고의 문제를 찾아내야만 합니다.

나에게 가장 폐해(弊害)가 있는 것으로 생각되는 것은 학교가 주로 공포, 강요, 인위적 권위의 방법을 쓰는 것입니다. 그러한 태도는 학생의 건전한 정서나 성실, 자신(自信)을 파괴하여 버립니다. 거기서 만들어 내는 것은 복종하기 쉬운 성격의 사람들입니다.

학업이나 인생에 있어서의 가장 중요한 동기는, 작업과 그 결과에 대한 기쁨과 그 결과가 사회에 대하여 가치를 갖는다고 깨닫는 것입니다. 이와 같은 심리적 기초가 있어야만 비로소 인간 최고의 재산, 즉 지식과 예술가적 작업 태도에 희희낙락한 욕구가 우러나게 되는 것입니다.

교육을 다음과 같이 정의한 사람의 기지(機智)는 결코 잘못된 것이 아닙니다. 즉 "교육이란 학교에서 배운 것을 다 잊어버리고 나서 남아있는 것을 말한다."라고 정의할 수 있습니다.

나에게는 개인을 죽은 도구처럼 취급하는 것은 반대해야만 한다고 생각합니다. 청년들이 학교를 떠날 때는 전문가가 아니라 균형 잡힌 인격의 소유자일 것을, 학교는 항시 그것을 목표로 해야 합니다.

항시 우선하여야 할 것은 특수한 지식의 습득이 아니라 독립적으로 사색하고 판단하는 일반적 능력을 발전시키는 것입니다.

자신이 목적하는 사항의 기본을 숙달하고 남에게 의지하지 아니하며, 독립적으로 사색하고 일하는 것을 배운 사람은, 자신의 나아가야 할 길을 확실히 찾아낼 뿐만 아니라 주로 자질구레한 지식을 습득하는 훈련을 받은 사람보다도 진보와 변화에 대하여 보다 잘 자신을 적응시킬 수 있을 것입니다.

▨ 칸트(Kant, I., 1724~1804, 독일의 철학자)
인간은 교육을 통해서만 인간이 되고, 교육은 인간에게 부과할 수 있는 가장 어려운 문제이다.

아이들의 의사(意思)가 타락되어 있지 않은 경우에는 그 의사를 꺾어버리는 것은 좋지 않다. 그러나 아이들이 울고불고하여 여러 가지 무리한 주문을 하는 경우에 그 방정맞은 의사를 따르게 하면 타락의 첫걸음이 된다.
그러므로 특별히 반대해야 할 이유가 없을 때는 아이들의 소원을 들어주지 않으면 안 된다. 들어줄 필요가 없다는 이유가 뚜렷할 때는 제아무리 극성스럽게 졸라도 마음이 동해서는 안 된다.

육체적인 처벌은 단지 도덕적 처벌의 보조 역할이라야 한다. 예를 들면 아이가 거짓말을 할 경우에 경멸하는 눈짓을 해 보이는 것으로 벌은 충분하며 또 그것이 가장 목적에 적합한 벌이다.

공리에 밝은 어린이보다 오히려 활발한 어린이가 훌륭한 사람이 될 수 있을 것이다. 아동은 연령에 해당한 사항에 대해서만 가르침을 받아야 한다. 많은 부모는 자기 자식이 나이보다 성숙한 말을 할 수 있는 것을 기뻐한다. 그러나 대체로 그런 아이들에게는 우수한 것이라곤 아무것도 나타나지 않는다. 아이들은 아이들답게 영리하면 된다.

▨ **조영식**(저서 『창조의 의지』)

보다 더 중요한 교육의 역할은 현대 교육이 소홀히 하고 있는 인성(人性) 도야에 있습니다. 참다운 인간, 옳은 인간, 그러면서도 생활 환경에 적응하여 역경을 뚫고 나가며 사는 슬기롭고도 의지적인 인간, 인간은 혼자 사는 것이 아니고 국가 사회 속에 같이 사는 존재이기에 함께 어울려 협동하고 봉사하며 사는 인간, 그 속에서 우애와 질서를 지키며 자기의 책임을 다할 수 있는 인간으로서의 모든 자질을 향상 발전시키게 하는 일이 교육의 근본 임무입니다.

친애하는 동포 여러분!

다시 강조합니다만 내가 본 세계에서는 지구의 어떤 지역을 막론하고 살 줄 아는 국민은 잘살고 있었고, 살 줄 모르는 국민은 아주 못살고 있는 것을 보았습니다. 우리도 잘살기 위해 사는 요령과 방법을 그리고 기술을 배워야 하겠습니다. 인간이 바른 교육을 통하여 지식과 기술을 얻게 되면 소비적인 존재에서 생산적인 존재로 전환하게 됩니다.

▨ 이홍우(1939~, 한국의 교육자)

인간의 소질은 무척 다양한 것이다. 신체 성장의 소질, 학업 성취에 대한 소질, 지적 능력의 소질, 미적 정서적 소질, 운동적 소질 등등 이루 말로 설명하기가 매우 어려운 정도이다. 그런데 우리 주변에서는 주로 학교에서 공부를 잘하느냐, 못 하느냐에 대해서 관심이 깊지만, 기타의 능력에 대해서는 깊은 관심을 나타내지 않고 있다.

학생들이 공부를 재미있는 것으로 생각하려면 그 공부가 자기에게 의미 있는 것이 되어야 한다. 또한 그러려면 학생들이 그 공부에서 중요한 아이디어를 배울 수 있어야 하고, 그 아이디어는 학생들이 이때까지 보지 못했던 새로운 세계를 볼 수 있도록 하는 것이어야 한다. 그 새로운 세계를 볼 수 있게 될 때 학생들은 유쾌한 '경오(驚悟)'를 느끼게 될 것이다. 흔히 아리스토텔레스의 '에우레카'라는 탄성으로 대표되는 '발견의 희열(喜悅)'이라는 것은 바로 이 유쾌한 경오감을 가리킨다.

도대체 학문이 인간을 인간답게 하는 데에 도움이 되지 않는다면 어째서 그것이 학문이며, 설사 학문이라 하더라도 어째서 모든 사람이 그것을 배워야 하는지 전혀 불분명한 것이다. 분명히 말하여 교육은 우연히 일어날 수 있는 일을 필연적인 것이 되게 하는 것이다.

만약 학생들이 자기에게 하등 중요한 의미도 없는 시험 문제를, 오직 그것이 시험에 나온다는 이유만으로, 또 오직 시험에 나오는 것과 동일한 형식으로 되풀이 연습하고 그 결과로 시험에서 좋은 점수를 얻는다 하더라도 그것 때문에 학생들이 '인간적으로' 더 나아질 가능성은 극히 희박하다. 입시 위주 교육이 인간 교육에 하등 도움이 되지 않는다는 것은 바로 이런 사태를 가리키는 것이다.

■ 김은우(저서 『새 사상과 교육』)

우리가 학생들에게 무엇이나 가르치는 그 근본 목적은 아동으로 하여금 자기 나름대로의 어떤 새로운 것을 만들어 내게 하여 누구의 모방이나 추종에만 그치는 노예적 인간이 되지 않기 위한 어떤 가능성을 길러 주는 것이라 하겠다.

아이들이 무엇을 배운 결과로 자기 속에 들어 있는 어떤 특유한 개성과 자기 자신을 누구 앞에서나 떳떳하고 용기 있게 내세울 수 있어야 하며, 자기 대로의 어떤 보람을 찾고 느낄 수 있어야 한다.

■ 출처 미상

일찍이 존 듀이도 지적한 바와 같이 생산 가운데서 가장 귀중한 생산은 인간의 생산이다. 그리고 인간의 생산은 단순한 출생만으로 끝나는 것이 아니다. 인간의 생산이란 좋은 목적을 위해서 헌신할 수 있는 사람을 길러냄을 가리키는 말이며, 그것은 이른바 '인간 교육'의 문제를 포함하는 것이다.

문화가 높은 수준에 도달하려면 탁월한 자질과 위대한 정신을 가진 사람들로 하여금 그 능력을 충분히 발휘할 기회를 얻게 하고, 훈련을 받게 하는 사회적인 뒷받침이 있어야 할 것이다.

교육의 목적은 그 기원에 있어서 본질적으로 사회적이다. 교육제도가 사회에 존재하면 반드시 그 제도를 발전시키고 유지하는 중핵적인 원칙이 있어야 한다. 이 중핵적인 원칙 밑에 사회는 그 사회가 이상적이라고 생각하는 인간을 교육시켜 줄 것을 희구한다.

우리는 흔히 이렇게 묻는다. '그는 희랍어를 아는가? 시를 쓰는가? 산문을 쓰는가?'라고. 옛날에는 그는 '얼마나 덕을 쌓았는가? 그는 올바른 분별력이 있는 사람인가?'라고 물었지만, 지금은 제일 나중으로 돌리고 있다. 우리가 마땅히 캐어물어야 할 것은 '누가 가장 올바르게 배웠느냐?'이며, 결코 '누가 가장 많이 배웠느냐?'여서는 안 된다.

우리는 흔히 '키케로는 이렇게 말하였다. 이것은 플라톤의 견해이다. 이것은 아리스토텔레스의 말이다.' 하고 이야기하는데, 대관절 우리 자신은 어떻게 생각하며 어떻게 판단하는가 그리고 어떻게 행동하는가를 문제 삼지 않는다.

우리는 남의 견해나 지식을 곧잘 쌓아둔다. 그런데 그것으로 그만이다. 그러나 그것은 안 될 말이다. 우리는 마땅히 남의 지식과 견해를 내 것으로 만들어야 한다. 그런데 우리는 마치 불씨가 필요하여 이웃에 얻으러 가서 따뜻이 피어오르는 불을 쬐는데 정신을 팔다가 불씨를 받아오는 것을 잊었다는 어느 얼빠진 사람과 같은 꼴이다.

▨ 오천석(吳天錫, 1901~1987, 한국의 교육학자)
참된 성장은 그가 세운 뚜렷한 목적을 향하여 심취된 관심, 흥미를 가지고 능률적이요, 불굴의 노력으로 추구할 수 있도록 그를 자극하고 격려할 때, 그의 신체적 기능과 사고의 습성을 강화시킬 때, 비로소 그는 참된 의미의 성장을 이룩할 수 있는 것이다.
어린이는 미개인이 아니라 단지 미숙할 따름이다. 그러므로 그에게 필요한 것은 그가 충분히 성장할 기회와 환경이다.

아동은 자기의 경험하는 바를 배운다.

정직에 대한 지식이 정직한 사람을 만드는 데 도움은 될 수 있지만, 정직한 인격은 오직 정직한 행동을 거듭하고, 정직한 생활을 삶으로 행할 때 함양될 수 있다는 것이다.

교육은 오로지 '활동적'이어야 하고, 아동의 흥미와 관심에 관련시켜야 한다고 믿는다. 진정한 생활은 능동적인 활동을 의미하고 적극적인 참여를 뜻한다.

맹목적인 순종보다도 비판적인 사고 활동이, 기억보다는 탐구가, 수락보다는 탐색이, 동의보다도 질문과 이의가, 방관보다도 적극적인 참여가 학습자의 바람직한 모습이며 이러한 정신적 자세 속에서 학습 과정이 진행되어야 한다고 믿는다.

흥미는 노력을 낳는다. 우리가 흥미 있는 일에 종사하고 있을 때, 그 목적을 달성하기 위하여 노력을 아끼지 않는다.

진보주의자는, 교육은 생활 자체이어야 하며, 장래 해야 할 생활을 위한 준비가 되어서는 안 된다고 강조한다.

생활은 하나의 계속적인 과정이다. 아동의 생활에서 성인의 생활로 건너뛰는 것이 아니다. 아동의 현재 생활이 충실하고 현명하고 풍요할 때 그의 장래 생활도 자연히 그렇게 성장할 수 있다는 것이다.

▨ 이원녕(李元寧, 한국의 유아교육학자)

이 세상에서 태어나서 제일 행복한 사람은 자신이 하는 일을 즐기고 자신감을 가지고 세상을 대하는 사람이다. 얼마나 많은 사람이 자기가 하는 일에 자신 없어 하고 부끄럽게 느끼는지 모른다. 그런데 이러한 마음가짐이 이미 어렸을 때부터 싹트기 시작한다는 것이다. 어머니의 품에 안겨 있을 때 자신감, 안정감, 신뢰감을 느끼기 시작하여 따뜻하고 바람직한 어머니의 양육 태도에 의해서 결정된다는 뜻이다.

어린아이에게 긍정적이고 적극적인 면의 말을 많이 들려주고, 어린아이가 하는 행동이 바르고 슬기로웠을 때는 거기에 알맞은 칭찬을 해 주며, 인정과 기대를 함으로써 어린이가 무엇인가 하고자 하는 욕구를 일으키게 해 주어야 한다. 또 자신이 행한 활동에 대해 만족감을 느낄 기회를 주어야 할 것이다. 어린이의 성취감은 아주 작은 일에도 생겨날 수 있고 완전히 꺾일 수도 있다.

이 세상에 태어나는 어린이는 누구나 자신을 좋아할 수 있어야 할 권리가 있다. 자신을 이해하고 자신을 존중하고 자신을 깨달음으로써 원하는 일에 모든 노력을 기울일 수 있는 어린이가 되도록 하여야 한다. 자녀를 잘 기른다는 것은 신이 부모 된 우리에게 부여해 주신 가장 성스러운 의무이자 책임이다. 물론 이 책임을 다하려 할 때의 고충과 어려움은 말할 수 없이 크다. 그러나 사랑과 이해로 바르게 길러놓고 보면 그 자녀로 말미암아 우리에게 돌아오는 기쁨 또한 큰 것이다.

사랑은 받아본 사람만이 사랑할 수 있으며, 자신감을 느낀 사람만이 생에 성공할 수 있다는 것을 깨닫고, 우리의 어린이를 착하고 슬기롭게 길러보자.

▨ 루스 시로(저서 『유태인의 가정교육』)

이스라엘의 엄마들은 자녀가 다른 아이들과 똑같이 행동하고 똑같이 학습하여 판에 박히는 것을 원치 않는다. 다른 아이와는 다른 아이로 성장해 가는 것이 그 아이의 장래를 위한 길이 된다는 것을 굳게 믿기 때문이다.

우열을 겨루는 한 승자는 항상 소수이지만, 남과 다른 능력을 갖는 한 모든 인간은 서로가 서로를 인정하여 공존할 수 있는 것이다. 아인슈타인은 다른 아이와 비교하고 싶어 하는 선생님들로부터 '바보'라고 경멸을 당하면서 15세가 되기까지에는 유크리드, 뉴튼, 스피노자 혹은 데카르트를 독파했다. 후년에 그는 '나는 강한 지식욕을 가지고 있었다'고 술회했는데 실은 그것을 아무도 몰랐던 것이다.

만일 그가 다른 아이들과 똑같이 되기를 강제 당했다면 그 재능은 꽃을 피우지 못한 채 끝났을 지도 모를 일이다. 유대인의 어머니들은 어린이가 다른 아이와 어디가 다른지를 발견하여 그것을 신장(伸張)시켜 주기에 부심한다.

▨ 김사달(金思達, 1928~1984, 한국의 서예가·의사)

교육에 열성적인 어머니에게 기본적으로 모자라는 것은 인간의 머리가 사물의 뜻을 정말로 이해하는 데 쓰여야 하는 것이지, 기계적으로 지식을 머리에 넣고 그것을 기계적으로 베껴내는 일이 교육의 목적이 아니라는 인식이다. 이러한 어머니들이 비난받아야 할 점은 어린이의 교육을 자기도 모르는 사이에 자기의 액세서리로 만들고 있다는 점이다.

지적 호기심을 구한다는 것은 그 자체가 즐거움이어서 잘 지도하기만 하면 어린이는 자주적으로 자기의 즐거움을 구하게 된다. 교육에 열성적인 어머니는 이 즐거움을 고통으로 바꾸고 있는 것이다.

심리학 창시자의 한 사람인 미국의 J. M. 볼드윈은 사람이 사물을 배우는 데, 3가지 단계가 있다고 말했다. 첫째 단계는 남이 하고 있는 일을 모방하는 일, 둘째 단계는 남이 하고 있는 일을 마치 자기가 하고 있는 것처럼 생각해서 스스로 해 보는 일, 그리고 셋째 단계는 자기가 한 일을 남에게 보여서 다른 사람으로 하여금 그것을 확인시키는 일이다. 이 세 가지 단계를 거쳐서 인간은 사물을 자기 것으로 소화하게 되는 것이다.

▨ 칸트(Kant, I., 1724~1804, 독일의 철학자)
대학의 단점— 학생은 아직 이해력을 자신이 발달시키기 전에 일종의 이성을 그냥 삼켜, 말하자면 그에게 붙어 다니기는 하지만 자신 속에서 생장한 것이 아닌, 즉 빌려온 학문을 몸에 지니게 된다. 게다가 그의 정신 능력은 종전과 다름없이 아주 미숙하지만 다른 한편으로는 예지에서 우러나오는 공상에 의하여 오히려 매우 손상되어 있다.

이상 말한 사실들이 어찌하여 도리를 잘 분간할 줄 모르는 학자나 선비가 세상에 적지 않게 있느냐에 대한 그 이유이며, 동시에 어찌하여 대학이 일반 사회의 다른 어떤 직업인보다도 몰상식한 두뇌의 소유자들을 세상에 내어 보내느냐에 대한 그 이유인 것이다.

▨ 『탈무드』(유대교 랍비의 이야기를 담은 책)
만일 부모가 자녀를 올바로 기르지 못했을 때 그리고 어린이가 올바른 환경에 놓여 있지 못할 경우, 그 어린이가 저지른 범죄는 사회 전체가 책임을 져야지 그 어린이에게만 지워서는 안 된다.

경제학적인 견지에서 볼 때 교육은 하나의 경제 투자로, 인류가 가질 수 있는 가장 큰 자원이라 해도 지나친 말은 아닐 것이다.

▨ 이동식(李東植, 1920~2014, 한국의 정신치료학자·의사)
집안에는 반드시 어른이 있어야 한다. 어른 없이 자란 사람, 어른이 없는 사람은 인생의 중대한 갈림길에서 신세를 망치는 수가 많다.

어린이를 사랑하고 교육하는 방법은 그들에게 진실이 무엇이고, 사랑이 무엇이며, 인생을 사는 예지가 무엇인지 부모를 통해 터득할 수 있도록 하는 데 있다. 어린이의 성장에 대한 어른의 책임은 이렇게 절대적인 것이다.

인간이란 만 3세, 또는 만 5세 이전에 장래의 운명이 결정된다고 보고 있다. 이것은 부모, 특히 어머니와의 관계가 얼마나 중요한 것인가를 밝혀 주는 결론이다.

인간은 모성(母性)과의 따뜻하며 안정된 정서적 교류가 없이는 신체 발육도 제대로 안 되고 병에 걸리기 쉽고, 지능의 발달도 장애를 받고 인격적으로 올바른 인간이 될 수 없다는 것이다. 모성이 없이는 인간다운 씩씩한 인간이 될 수 없다는 것이다.

▨ 나폴레옹(Napoleon, B., 1769~1821, 프랑스의 황제)
아이들의 운명은 항상 그 어머니가 만든다.

학문(學問)에 대하여

◼ 세르반테스(Cervantes, S, M., 1547~1616, 스페인의 문호)

경험은 학문을 낳는 어머니이다.

◼ 서양 속담

학문이 없는 경험은 경험이 없는 학문보다 낫다.

◼ 영국 속담

학문에는 평탄한 길은 없다.

◼ 아인슈타인(Einstein, A., 1879~1955, 미국의 이론물리학자)

학문에 깊은 흥미를 가지고 있으면 특별히 머리를 쓸 필요가 없는 실무를 해내면서 생활 속에서 충분히 연구 활동이 가능하다.

우리는 유럽의 정신적인 발전에서 비롯된 번영으로부터 최고의 재화를 발견하고, 이를 사랑하고 있다. 이것은 진리를 탐구하는 노력이 그 밖의 다른 모든 노력보다 우위에 있어야 한다는 원칙하에, 신념과 학문의 자유에 토대를 두고 있다.

▨ 파스칼(Pascal, B., 1623~1662, 프랑스의 사상가·수학자)

외적 사물에 관한 학문은, 도덕에 관한 나의 무지(無知)를 위로해 주지 못할 것이다. 그러나 덕성(德性)에 관한 학문은 외적인 사물에 관한 나의 무지를 항상 위로해 줄 것이다.

▨ 공자[孔子, BC 552~479, 유가(儒家)의 시조]

먼저 알아야 한다. 안다는 것은 모르는 것에 비하여 훨씬 유익한 일이다. 그러나 안다는 것만으로는 아직 참된 지식이라고 할 수 없다. 배워 알기를 사랑해야 한다. 억지로 배우는 것이 아니라 배우는 것에 애착심을 가져야 한다. 그러나 그것보다 더 높은 단계는 배우고 깨치는 것에 무한한 즐거움을 느낀다는 것에 있다. 깨우쳐 가는 진리에 즐거움을 발견할 수 있다면 진정 인생에 통달한 사람이다.

▨ 고등학교 국민윤리 교과서(한국정신문화연구원 편)

우리는 학문을 통하여 우리 조상이 느낀 세계, 생각한 세계, 그리고 행동한 세계와 접촉하게 되었고, 자연과 인간 세계에 대한 나의 지식도 넓히게 된 것이다.

이와 같이 학문은 우리를 드넓은 진리의 세계로 인도하고 있다.

어떤 학문이든지 그 학문이 깊어지면 철학 하는 경지에 이른다.

학문을 한다는 것은 소극적으로 주어지는 경험에만 만족하지 않고, 우리에게 부딪쳐 오는 각종 문제를 적극적으로 해결하기 위해 상상력을 동원하여 가설들을 세우며, 능동적으로 관찰, 실험, 조사함으로써 앎의 세계를 넓히고 그러한 세계를 확장할 수 있는 도구를 다시금 개선해 가는 것이다.

학문은 우리에게 있는 세계만을 보게 하는 것이 아니라 있어야 할 세계를 확신하도록 해 주며, 인간으로 하여금 인간답게 사는 길을 조명해 준다.

학문하는 의의는 우선 우리의 지식 세계를 넓히고 개선하는 데 있고, 그렇게 함으로써 우리는 외면적, 내면적 세계를 변혁하여 유덕한 인간으로 인간다운 삶을 영위할 수 있는 것이다.

▨ 플라톤(Platon, BC 427~347, 그리스의 철학자)

영혼의 병이라고 하는 것은 무사려(無思慮)를 말하는 것인데, 그 무사려에는 두 가지 종류가 있다. 하나는 광기(狂氣)이고, 또 하나는 무학(無學)이다.

▨ 학문의 길, 예술의 길(현대인 강좌 편찬회, 1962)

참으로 학문의 진수에 부딪히지 못한 미숙한 지식일수록 위험하다 하겠다. 학문을 떠난 인간다운 인간의 형성이란 상상할 수 없다.

▨ 라블레(Rabelais, F., 1484~1553, 프랑스의 의학자·작가)

가장 학식 있는 인간이 가장 현명한 자는 아니다.

▨ 쇼(Shaw, G, B., 1856~1950, 영국의 극작가·소설가)

학문한 인간은 공부에 의하여 시간을 보내는 게으름뱅이다.

▨ 에머슨(Emerson, R, W., 1803~1882, 미국의 사상가·시인)

학문에만 집착해 있으면 안 된다. 그것만으로는 완전한 인물이 되지 않기 때문이다.

지식(知識)에 대하여

▨ 베이컨(Bacon, F., 1561~1626, 영국의 정치가·철학자)

지식은 힘이다.

▨ 칼라일(Carlyle, T., 1795~1881, 영국의 사상가)

지식은 다만 경험에 의해서만 온다.

▨ 에머슨(Emerson, R, W., 1803~1882, 미국의 사상가·시인)

공포는 항상 무지에서 생긴다.

▨ 골드 스미스(Goldsmith, O., 1730~1774, 영국의 수필가)

지적 쾌락의 추구에는 온갖 미덕이 존재하고, 육욕적 쾌락의 추구에는 온갖 악덕이 존재한다.

▨ 아인슈타인(Einstein, A., 1879~1955, 미국의 이론물리학자)

지성은 강력한 근육의 힘이 될 수가 없다. 지성은 리드하는 것이 아니라 오직 봉사할 뿐이다.

진리와 지식의 분야에서 판사가 되려고 시도하는 사람은 누구나 비웃는 신에 의하여 난파되고 만다. 보고 이해하는 기쁨은 자연이 인간에게 준 가장 아름다운 선물이다.

▨ 김은우(저서 『새 사상과 교육』)
적은 지식은 네가 그것이 적다는 것을 아는 한 그리 위험하지 않다. 위험은 네가 실제 아는 것보다 더 알고 있다고 생각하는 데서 시작한다.

▨ 고영진(저서 『현대인의 생활지혜』)
우리는 지식을 배움으로써 그것을 진실이라고 믿고 엄연한 사실을 놓친다. 설익은 지식을 많이 간직한 사람은 이해하기 어려운 문제가 제시되면 그것을 해결하기에 앞서서 해결할 수 없음을 증명하는 이론을 지루하게 늘어놓는 것이다.

▨ 오천석(吳天錫, 1901~1987, 한국의 교육학자)
모든 것이 급속도로 변하고 있고, 잡다한 사상과 가치가 혼재할 때, 올바른 선택을 할 수 있는 힘은 오직 지성뿐이다. 새 사회의 밑거름은 현명한 선택뿐이다. 선악을 분별하고 진위를 판단할 수 있는 비판적 지성뿐이다.

지능(知能)에 대하여

▨ 최신해(崔臣海, 1919~1991, 한국의 의사·수필가)

지성은 지식과 지능으로 이루어진다고 볼 수 있다. 물론 지식과 지능은 다르다.

지식이라는 것은 후천적으로 우리가 습득한 것이요, 지능이라 함은 우리의 환경 변화에 적응할 수 있는 선천적인 능력을 의미한다.

따라서 지식은 많지만, 지능이 모자라는 사람들을 우리 주변에서 수두룩하게 발견할 수 있다.

▨ 오천석(吳天錫, 1901~1987, 한국의 교육학자)

우리는 여기에서 지능과 이성을 구별하려고 한다. 인간의 지능은 어떠한 목적을 위해서라도 봉사할 수 있다. 발달된 지능은 완전 범죄를 위해서도 봉사할 수 있다. 따라서 지능적인 것이 반드시 이성적이라고 말할 수는 없다. 이성은 현실을 비판할 수도 있고 자아를 초월할 수도 있지만, 지능은 이러한 비판과 초월을 모른다.

지능은 세분화하고 전문적인 데 반해서 이성은 전체적이고 포괄적이다. 지능은 인간의 삶의 세계와 특수한 부분에만 관계하지만, 이성은 늘 삶의 세계를 전체적으로 관계한다. 지능은 수단으로서만 봉사하지만, 이성은 수단과 목적을 함께 관할한다. 지능은 사실을 인식하고 기술을 익히는데, 이성은 그와 함께 가치를 생각하고 이념을 익힌다. 이성이 가치 판단을 하고 행동을 결정할 때 지능은 이러한 판단과 결정을 위해서 도움을 줄 수 있다. 윤리적인 목적을 설정하고 이를 비판하는 것은 이성의 과제이고, 행동을 위한 기술적인 도구의 역할을 하는 것은 지능의 과제이다.

현대인은 매우 지능적이지만 이성적이라고 할 수 없다. 도대체 현대인의 일차원적 사유는 지능과 이성의 구별조차 잊어버렸다.

▨ 김재은(金在恩, 1931~, 한국의 심리학자·교육자)
'머리가 잘 돌아간다'든가 '머리가 잘 안 돌아간다'든가 할 때는 사실은 '잘 알아듣는다, 못 알아듣는다', '이해하는 능력이 있다, 없다', '기억력이 좋다, 나쁘다', '생각이 잘 떠오른다, 안 떠오른다'는 것을 말하는 것이다.

손가락의 훈련은 눈이나 귀와 같이 대뇌의 중요한 영역을 개척해 주는 구실을 한다.

지능이란, 공부 이외에도 관리하고 운영하는 데도 필요한 능력이다. 그뿐 아니라 몸을 움직이는 활동 속에도 지능이 작용하는 것이다.
예를 들면 자전거를 배우는 데도 여행을 가서 지도를 보고, 코스를 현명하게 택하는 데도, 손님을 대접할 때 메뉴를 효과적으로 짜는 활동에도 지능이 필요한 것이다. 그러니까 지능이란 살아가는 데 필요한 생물적인, 심리적인 모든 능력을 말하는 것이다.

지능 중에서도 이해하는 지능보다는 창조하는 지능이 더욱 요구되는 것이다. 이 창조하는 지능은 새로운 아이디어를 만들어 내는 힘이요, 새로운 방법을 만들어 내는 힘이요, 새로운 사실을 찾아내는 힘이다.

미국의 심리학자인 헉슬리 박사는 지능이란 것을 전기에 비유한 적이 있다. 지능을 전기에 비유한다면 전기는 물리적 에너지, 지능은 정신적 에너지라고 생각할 수 있을 것이다. 전기는 '이것이 전기다.'라고 끄집어내서 보여 줄 수가 없듯이 지능도 '이것이 지능이다.'라고 확실히 끄집어내어 보여 줄 수가 없는 것이라고 생각할 수 있다.

우리가 생활을 풍부하고 편리하게 합리적으로 영위할 수 있는 것은 지능의 덕택이라 할 수 있다. 지능이란 이와 같이 뭔가를 해낼 수 있는 정신적 에너지로, 그 정체도 그리 쉽게 잡기가 어렵다는 것만은 인정하고 들어가야 한다.

지능이 높은 사람에게 지능을 별로 필요로 하지 않는 작업을 시키면 그는 빨리 싫증을 느끼게 된다. 높다고 하는 것만으로 반드시 성공하는 것은 아니다.

IQ의 크기만으로는 아이들의 장래가 결정되지 않는다는 또 다른 근거는 지능보다는 의지력과 지속성, 말하자면 인내심이 있어야 하며 인간관계가 좋아야만 한다. 남과 불화(不和)하기 쉬운 사람은 성공할 수가 없다.

생활을 중심으로 한, 세상을 살아가는 지능은 유동적이기 쉬우나 자발적이고 적극적이며 창조적인 것이다. 그런데 공부하는 데 필요한 지능은 수동적이고 비자발적인 것이 많다.

지능의 궁극적인 기능은 살아남는 힘이고, 더 잘 살아가는 힘이라고 할 수 있다.

뇌의 활동에 필요한 것은 귀찮을 정도로 걷는 노력이다. 걷는다는 것은 뭔가를 성취하려고 하는 전진적인 자세인 것이다. 발을 움직이고 몸을 움직인다고 하는 것은 우리 몸의 여러 부분에 있는 근방추를 자극하는 것이므로 머리가 맑아지게 되는 것이다.

지능(머리)이란 다른 사람으로부터 배운 물리적인 힘(학력) 같은 것도 아니고, 이른바 기억해 두거나 암기해 둔 지식의 단편에서 얻어진 것도 아니고, 그 장면의 상황에 직면해서 새롭게 생각해내고 고안한 창조적인 아이디어라는 성격이 강한 지혜이며 지능이기도 하다.

"학력이란 배우지 않으면 자라나지 않지만, 지능은 놀고 있어도 큰다"는 말이 있다. 그러므로 지능은 놀이 속에서도 영양을 섭취할 수 있을 정도로 탐욕스러운 기능이다. 아이들에게 있어서 놀이는 생활 그 자체이며, 생활이 바로 지능을 키우는 영양 공급원이라 할 수 있다.

▨ 블랙슬리(저서 『두뇌혁명』)

　사회적 지능의 역할은 원래 집단생활에서 발생할 수도 있는 알력을 해소시키는 데 있다. 집단생활을 번영시키기 위해 우리는 지적(知的)일 필요가 있다. 또한 창의적인 활동을 위해서도 지능의 사용은 불가피하다.

천재(天才)에 대하여

▨ 에머슨(Emerson, R, W., 1803~1882, 미국의 사상가·시인)

　자기 자신의 사상을 믿고 자기에게 있어서 진실한 것을 믿고 자기 마음으로 미루어 만인의 진실을 믿는 자, 이것이 천재이다.

　대천재를 찾아내기는 쉽다. 그러나 원만한 사람을 찾아내기는 어렵다.

　천재는 종교적인 것.

　천재는 항상 절제하고, 경건하고 또 사랑한다.

▨ 아미엘(Amiel, H., 1821~1881, 스위스의 철학자)

　남이 어렵다고 하는 일을 쉽게 해내는 사람이 재사(才士)이며, 재사에게 불가능한 일을 해내는 사람이 천재(天才)이다.

▨ 칼라일(Carlyle, T., 1795~1881, 영국의 사상가)

　천재, 그것은 무엇보다도 고생을 아끼지 않는 비상한 능력이다.

▨ 디즈레일리(Disraeli, B., 1804~1881, 영국의 정치가·소설가)

천재의 작품은 모두 열성의 산물이다.

▨ 출처 미상

천재는 지성의 눈이며 사상의 날개다. 항상 시대에 선진하는 개척자다.

▨ 쇼펜하우어(Schopenhauer, A., 1788~1860, 독일의 철학자)

단순(單純)은 항상 진리만이 아니라, 또한 천재의 표적이기도 하다.

▨ 밀(Mill, J, S., 1806~1873, 영국의 철학자·경제학자)

천재는 자유스러운 공기 가운데서만 자유로 호흡할 수 있다.

▨ 나폴레옹(Napoleon, B., 1769~1821, 프랑스의 황제)

아무리 천재의 뛰어난 능력도, 기회가 없이는 소용이 없다.

▨ 출처 미상

천재는 노동을 천하게 생각하지 않는다.

▨ 로댕(Rodin, F, A., 1840~1917, 프랑스의 조각가)

천재(?) 그런 건 단연코 없습니다. 오직 공부뿐입니다. 방법이죠. 끊임없이 계획하고 있다는 것입니다.

▨ 라 로슈푸코(La Rochefoucauld, 1613~1680, 프랑스의 작가)

비범한 재능이 있다는 증거는 가장 시기하는 자라도 상대편을 칭찬하지 않을 수 없게 된다는 것이다.

▨ 출처 미상

위대한 천재는 딴 위대한 천재에 의해 만들어진다. 동화함에 의해서가 아니고 마찰에서 이루어지는 것이다.

▨ 영국 속담

천재는 단지 주의력의 집중이다.

천재는 일종의 정신병이다.

천재는 인사(人事)를 다 하는 그 노력 속에만 있다.

▨ 칸트(Kant, I., 1724~1804, 독일의 철학자)

천재는 타고난 마음의 소질이며, 그것에 의하여 자연은 예술에 규칙을 부여한다.

▨ 카네기(Carnegie, A., 1853~1919, 미국의 실업가·강철 왕)

인생을 이상 가운데 표현하는 사람은 소위 천재라고 불리는 사람이다. 천재란 정당한 것을 정당한 시기에 수행하는 사람이다. 범인과의 차는 다만 이 한 점에 있다.

▨ 오묘한 인체(한국과학기술진흥재단)

천재란 보통 굉장히 뛰어난 지능을 가진 사람이라고 한다. 하지만 그저 그냥 거죽으로 보아서는 그 사람이 과연 천재인지는 알 수가 없다. 세상에서는 그 사람이 한 일을 본 다음에서야 천재라는 사실을 알게 된다.

천재는 재능과는 다르다. 어떤 특별한 일을 잘하는 사람, 즉 특수한 기술이 있는 사람은 재능을 가진 사람이다. 그러나 천재는 재능보다 훨씬 위이다. 다른 사람으로서는 못할 일을 해낸다. 그러나 여러 가지 지능이 뛰어나지 않았으면 그 하나의 일에서도 재능을 발휘하지 못했을 것이다.

실제로 천재는 대개 놀라운 끈기와 노력으로 다른 사람이 못 견디는 모든 난관을 끝까지 정복한 사람들이다.

▨ 윤태혁(尹泰赫, 시인, 『경북일보』, 1993. 6. 11.)

1970년대 말로 기억된다. 한국의 천재적인 두뇌의 소유자로 '기네스북'에 실려 있는 한국인 IQ는 210으로 기억되어 있다. 그는 김웅용(金雄鎔) 군이다. 그는 다섯 살에 시(詩)를 쓰고 4개 국어를 말하고, 적분 계산까지 해냈다. 그렇던 그가 10년 후에 대입 검정고시에 겨우 합격할 정도로밖에 자라지 못했다. 그러나 사실은 우리가 다시 없는 소중한 천연자원인 초천재 한 명을 죽여가고 있는 것인지도 모른다.

1978년인가 미국의 두 주(州)에서 조사한 결과 낙제를 한 어린이의 20%는 IQ 130이 넘는 천재급임을 밝혀냈다. 심리학자 루이스 터면은 천재 아동을 세 형태로 나누고 있다. 첫째는 IQ가 130이 넘는 '뛰어난 재능(才能)의 소유자'다. 이들은 사회에서 성공하기 쉽다. 둘째 형태는 첫째 형태보다 IQ가 더 높은 '창조적 재능의 소유자'다. 이들은 대개가 늦둥이로 가령 뉴턴, 아인슈타인 같은 사람이 이에 속한다. 세 번째가 IQ 170이 넘는 '초천재아(超天才兒)'다. 이들이 가장 걱정스러운 아이들이다. 인생에서 실패하는 확률이 제일 많기 때문이다. 그런데 루이스 터먼의 말대로라면 우린 '기네스북'에 오른 김웅용에 대해서 생각해 볼 수밖에 없다. 초천재라고 만능은 아니다. 따라서 그의 '특수한 재능'을 재빨리 찾아내서 여기에 알맞은 지적(知的) 자극을 주고 지도해 주도록 하는 특수 교육이 절대적으로 필요하다. 김웅용 군의 경우는 그 부모나 주위가 이런 데에 너무도 소홀했다. 체육과 예능 분야에서는 장려하는 '천재 교육'이 왜 순수한 지적 분야에서는 전혀 없는지 알 수가 없다. 너무나도 '재능'이 뛰어나기에 판에 박은 학교교육에서 낙오하는 천재 소년들이 꽤 많을 거라는 데에 의심할 여지가 없다.

우리의 청소년들은 다 보석과 같은 존재다. 낡은 세대들은 그저 성적만을 자녀(젊은 세대)들에게 강요한다. 그러니 학교 교육에서 탈선 안 될 수가 없다. 부모나 교사나 사회가 그 아이의 재능이 무엇인지도 모르고 닦달하고 있다. 커서 위대한 인물이 (다른 분야) 될 수 있는 데도 학교 성적에만 매달리고, 학교 갔다 오면 부모들은 또 재능(적성)에 맞지 않는 각종 학원에 보낸다.

우리 청소년들은 고달프다. 쉴 틈이 없다.

청소년들이여, 자기 나름대로의 자기 재능을 자신이 살려 봄도 중요하다. 그렇지 않고 방랑자가 되지 말자. 그리고 우리 기성인은 자녀 교육에 반성해 보는 자세를 갖자.

▨ 스마일즈(Smiles, S., 1812~1904, 영국의 문필가·의사)

사람은 마땅히 천재(天才)를 믿지 말고, 인력(人力)을 다해야 한다.

▨ 추국희(저서 『우수아 교육』)

영재(수재)의 상상은 정해진 상상을 재현하고, 천재는 그것을 전혀 새로이 한다. 영재는 해설하고 반복하지만, 천재는 발명하고 창조한다.

■ 김은우(저서 『새 사상과 교육』)

천재는 태어나는 것이지 만들어지는 것이 아니라는 것은 틀림없는 사실이다. 그러나 어떤 사람이 천재인 이유를 찾으려고 애쓰는 것은 잘못이지만, 그의 천재가 자기의 환경의 결과로 어떤 모습을 띠고 어떤 방향을 택했는가를 주목하는 것은 옳고 매우 흥미 있는 일이다.

저런 천재들은 어떤 특별한 직업이 가장 좋다고 생각하거나 혹은 그것이 가장 많은 영광, 돈 또는 행복을 약속해 준다고 생각해서가 아니라 어쩔 수 없는 이유로 생명이 계속하는 한, 그것에 집착하는 것이다.

■ 김사달(金思達, 1928~1984, 한국의 서예가·의사)

천재적인 소질을 가지고 태어난 사람은 10세 때에 가질 재능의 수준을 보통 사람은 노력과 수련으로 15세 혹은 20~30세에 이르러서야 겨우 도달하게 되는 것이다. 천재는 개화가 빠르고, 보통의 재능을 가진 사람은 개화하기까지에 상당한 노력과 시간을 요하게 된다. 그러나 이와 같은 시간이나 노력에 굴하지 않고 정진(精進)을 할 경우에 대개 그 방면에 재능을 가지고 있는 사람이라면 반드시 꽃을 피울 수 있을 것이다.

천재를 어떻게 정의하느냐 하는 것도 다르겠지만, 우리의 예상에 맞는 우수한 인물을 그대로 천재로 볼 수는 없다. 우리의 상상을 뛰어넘은 재능을 갖고, 그가 하는 일이 세계의 흐름을 크게 바꾸었을 때 그 인물은 천재인 것이다. 따라서 천재는 돌연변이에 의해 태어나고, 그가 하는 일은 시대 조류를 배경으로 해서 주어진다고 말할 수가 있다.

　천재라 하여도 두 가지로 볼 수 있다. 하나는 전반적으로 지능이 탁월한 사람을 의미하고 또 하나는 음악이나 미술, 또는 수학, 철학 등의 특수 능력이 뛰어난 사람이다.

　천재의 정신적 특성으로는 특히 예민한 감수성과 풍부한 상상력을 들 수 있다. 천재의 감수성에 대하여 롬브로소(Lombroso)는 보통 사람이 바늘 끝만 한 것으로 찔린 것도 천재는 시퍼런 칼에 찔린 것 같이 여긴다고 말했다. 따라서 천재는 보통 사람이 도저히 볼 수 없는 것까지 볼 수 있고, 들을 수 없는 것을 듣고, 느낄 수 없는 것을 느낄 수 있는 것이다.

　모든 천재 사상가가 복잡한 사회적 현실 속에서 인생의 기미를 통찰하고, 탄탄한 역사적 경과의 흐름 속에서 시대의 동향을 간파하는 것도 오로지 그들이 지닌 뛰어난 감성의 힘이 아닐 수 없다.

　천재의 정의적(情意的) 특성으로는 강렬한 정열과 인내심이며 괴테의 파우스트, 톨스토이의 전쟁과 평화, 베토벤의 「제9 교향악」, 뉴턴·에디슨의 발견, 발명 등의 빛나는 업적 뒤에는 굳센 의지와 인내가 숨어 있는 것이다.

▨ 아리스토텔레스(Aristoteles, BC 384~322, 그리스의 철학자)
　이름 높은 시인, 예술가, 정치가들에게는 대개 우울과 광기가 있다.

▨ 쇼펜하우어(Schopenhauer, A, 1788~1860, 독일의 철학자)
　천재는 상지(常知)보다 광기에 가깝다.

■ 하이데거(Heidegger, M., 1889~1976, 독일의 철학자)

천재는 위대한 인내, 노력에 불과하다.

■ 괴테(Goethe, 1749~1832, 독일의 시인·정치가·과학자)

아무리 위대한 천재라 할지라도 무엇이든 모두를 자기 자신의 힘의 선물이라고 생각하려고 하면 벌써 진보는 그치고 말 것이다. 내가 알고 있는 미술가에 한 사람의 스승에게도 사사하지 않고 있는 것을 자랑으로 여기고, 오히려 모두가 자기의 천재적 재질의 덕으로만 생각하고 있는 사람이 있다. 이것은 어리석은 일이다.

나는 나의 작품을 결코 자기 지능만의 힘으로 만든 것이라고 생각하지 않는다. 이것은 나에게 재료를 제공한 나 이외의 몇천의 사물이나 인물의 덕분이다.

선량(善良)함에 대하여

■ 소크라테스(Sokrates, BC 469~399, 그리스의 철학자)

될 수 있는 한 선한 인간이 되려는 데 최대의 배려를 하는 자가 최량의 생애를 보내는 것이며, 자기가 개선되고 있다는 것을 가장 잘 자각하고 있는 사람이 가장 쾌적한 생애를 보내는 것이라고 나는 생각한다.

가장 존중하지 않으면 안 되는 것은 산다는 것이 아니고 선하게 산다는 것이다.

자제심이 없는 사람은 가장 어리석은 동물과 무엇이 다르랴. 가장 중요한 일에 마음을 쓰지 않고 어떻게 해서든 가장 기분 좋은 일만을 하려는 사람은 가장 사려가 없는 생물류와 어떤 차이가 있으랴. 자기 자신을 잘 제어할 수 있는 인간만이 사물 가운데 가장 중요한 일에 마음을 쓰며, 말에 의해서든 행위에 의해서든 종류에 따라 그것들을 분류하여 선을 택하고 악을 피할 수가 있는 것이다.

■ 베토벤(Beethoven, L, V., 1770~1827, 독일의 작곡가)

나는 선량하다는 것 말고는 남보다 뛰어난 증거를 인정치 않는다.

■ 칸트(Kant, I., 1724~1804, 독일의 철학자)

이 세상에서나 이 세상 밖에서나 무조건 좋은 것은 오직 착한 마음뿐이다. 그 밖에 우리가 좋다고 하는 것은 모두 어떤 조건하에서 비로소 좋은 것이다.

■ 세네카(Seneca, L, A., BC 4~AD 65, 로마의 철학자)

남에게 착한 일을 하는 사람은 무엇보다도 더 많이 자기 자신에게 착한 일을 한다.

■ 라 로슈푸코(La Rochefoucauld, 1613~1680, 프랑스의 작가)

나 혼자만 착한 사람이 되고 훌륭히 되겠으며, 어진 사람이 되겠다고 생각하는 사람은 어리석은 사람이다. 왜냐하면, 이 세상은 혼자만 살 수 있는 것이 아니라 모든 사람이 서로 어질고 착해야 세상살이가 좋아지기 때문이다.

■ 헤시오도스(Hesiodos, BC 8세기경, 고대 그리스 시인)

다른 사람에게 해를 끼치는 자는, 자기 자신에게 해를 끼치는 것이다. 악한 계략은 그것을 꾸민 당사자 자신을 가장 해치는 것이다.

■ 괴테(Goethe, 1749~1832, 독일의 시인·정치가·과학자)

참된 자유주의자는 자기에게 허용된 최대한의 수단을 써서 될 수 있는 대로 많은 착한 일을 실현하려고 힘쓴다. 그렇지만 때로는 피할 수 없는 결함이 있어도 그 자리에서 당장 칼을 뽑아서 이것을 송두리째 없애 버리려고 하는 것을 삼간다. 공적인 결함을 사려 있는 전진에 의하여 서서히 제거해 나가려고 힘쓴다.

폭력적인 수단은 동시에 많은 선한 것을 없애버리는 것이므로 쓰지 않는다. 이 세계는 항상 불완전한 것이다. 그래서 때와 사정이 조화되어 더 좋은 것에 도달할 수 있을 때까지는 현재 있는 선으로써 만족한다.

▨ 프랭클린(Franklin, B., 1706~1790, 미국의 정치가·과학자)

모든 악에 대한 저항은 노여움으로써 하지 말고 조용한 태도로써 말하라. 이쪽이 정당하다 할지라도 노여움으로써 대하면 악을 정당화하고 이기지 못할 것이다. 악에 대하여 가장 강한 것은 평정(平靜)한 태도이다.

▨ 이일청, 신성우(저서 『동방의 밝은 빛』)

착한 마음을 가지게 되면 기운도 맑아져서 생명이 오래 유지되고 또 건강하고, 악한 마음을 가지게 되면 기운도 탁해져서 생명이 오래 유지되지 못하고 일찍 소멸한다는 것이다.

몸은 정기에 의지하되 두터움과 엷음이 있으니 두터우면 귀해지고 엷으면 천하게 된다. 이것은 육신이 그 가운데 의지함으로 육신이 불건전하면 천해진다는 것이다.

뭇 사람들은 착하고 악함과 맑고 흐림과 두텁고 엷음을 서로 섞어서 가달[妄] 길을 따라 함부로 달리다가 태어나고, 자라고, 늙고, 병들고, 죽는 괴로움에 빠지고 말지만, 철인(哲人)은 느낌을 바로 하고, 숨 쉼을 고루하며, 부딪힘을 삼가 한 곬으로 수행하여 가달을 돌이켜 참[眞]으로 나아가 한 얼 기틀을 열어내니 참된 본성을 통달하고 모든 공적을 다 닦음이 이것이니라.

인간의 행동 하나하나가 마음 쓰는 대로 컴퓨터처럼 인체에 담겨, 여기에 따라서 정(精), 기(氣), 신(神)이 모이며, 이에 악을 낳고 선을 낳게 되는 것이다.

▨ **석가모니**(釋迦牟尼, BC 463~383, 불교의 교조 싯다르타)
마음이 맑으면 세상도 맑다.

▨ **『채근담』**(菜根譚, 중국 명나라 말기 홍자성 저)
행복한 사람[吉人], 즉 선한 사람은 평생의 동작이 평안하여 자상한 건 말할 것 없이 잠자는 사이라도 정신이 화기롭다. 이와 반대로 악한 사람[兇人]은 평생의 동작이 불량한 건 말할 것도 없고 음성과 웃음까지도 살기를 띠게 된다. 이것만 볼지라도 인생은 도덕을 지킴으로써 항상 안심하고 살 수 있는 것보다 더한 행복은 없다.

▨ **아미엘**(Amiel, H., 1821~1881, 스위스의 철학자)
참으로 행복한 자는 선량하며, 시련을 겪은 선량한 자는 더욱 선량해진다. 고통을 당해 보지 않은 자는 약하다. 그러나 행복을 얻지 못한 자는 그것을 줄 수가 없다. 사람은 자기가 가지고 있는 것밖에 주지 않는 것이다.
행복, 비애, 쾌활, 비탄은 전염하기 쉬운 성질을 갖고 있다. 너의 건강과 힘을 약한 자와 병든 자에게 주려무나. 그렇게 하면 그들에게 유익한 것이 될 것이다.

주체성(主體性)에 대하여

▨ 홍문화(洪文和, 1916~2007, 한국의 약학자)

"주체성이 진리다(Subjectivity is truth)."라고 말한 사람이 있듯이 인생의 진리란 결국 주체적 진리인 것이다.

▨ 오천석(吳天錫, 1901~1987, 한국의 교육학자)

주체성이란 개인적으로 볼 때 지성으로 쌓아 올린 인격의 의연한 자세를 말하는 것이요, 국가적으로 볼 때 이러한 인격의 총화로 이룩된 자주적 모습을 뜻하는 것이다. 자율적 정신을 의미하는 자신의 힘에 대한 신앙이요, 자신의 예지에 대한 긍지다.

주체성은 독선적이거나 배타적이 아니다. 자주적인 자아의 인식일 뿐이다. 그러므로 그에게는 자기 인격의 보다 충실한 완성을 위하여 마음의 문을 넓게 열고, 남을 받아들이려는 관용이 있다. 맹목적인 아집이 아니라 보다 높은 가치를 수용하려는 자유인이다. 좁은 충정에 사로잡혀 있는 협량의 인(人)이 아니라 대의에 헌신하는 군자(君子)인 것이다.

■ 이동식(李東植, 1920~2014, 한국의 정신치료학자·의사)

주체성이란 인격의 성숙이요, 정신 건강이요, 독립이요, 자주요, 내부 통일이요, 대화요, 교통(交通)이요, 자기실현이요, 자기 발현이요, 진면목(眞面目), 본래면목(本來面目)이요, 진정한 자기, 남이 아니고 나 자신이 되는 것이며, 모방이 아니고 창조를 뜻한다.

자유이고 모든 것을 내 마음대로 하기 때문에 잘된 일도 나로 말미암음이요, 잘못된 결과도 나로 말미암음이니 매사에 책임을 자각하며 자기 이외의 사람이나 힘을 탓하지 않는다.

외부로부터 강요된 일도 부득이 해야 할 경우에는 일단 자신의 선택으로 만들어서 자신의 책임으로 하기 때문에 자기 이외의 존재에 책임을 묻거나 원망을 하지 않는다. 남이 내 언동을, 나를 어떻게 생각하리라는 것은 알되 남의 눈치를 보고 남의 생각에 이끌리지 않는다. 남의 생각도 나의 선택의 자료가 될 뿐이다. 주인공이기 때문에 종속이나 노예의 반대이다.

나 이외의 외부의 힘이나 존재에 부림을 당하는 것이 주체성이 없는 것이고, 내가 모든 것을 부리는 주인공이 되는 것이 주체성이다. 주체성의 이러한 경지는 이상적인 경지이고 현실에 있어서의 주체성은 다과의 정도 차가 있을 뿐이다. 다만 우리는 행왕좌와(行往坐臥)에 자신의 주체성을 앙양하는 노력을 지속할 수 있을 따름이다.

주체성이란 상술(上述)한 바와 같이 주인 의식이요, 독립이요, 해방이요, 선택이요, 부림을 당하는 것이 아니고 부리는 것이기 때문에 주체성의 형성과정은 의존에서 독립, 노예에서 주인으로, 예속에서 해방으로 강요당함이 아니고 자유로운 선택으로 넘어가는 과정이다.

주체성의 상실은 이러한 과정에서 당시의 나로서는 극복할 수 없는 장애에 부딪히게 되어 자기 성장을 저해 당해서 이루어진다.

주체성의 침해나 상실은 주체성의 순조로운 형성에 필요한 외부의 도움이 있어야 할 때 없거나, 없어야 할 때 강요되거나, 간섭과 방해가 심할 때 이것을 이겨내지 못하면 일어난다. 소화되지 못한 기억들, 만족시키지 못한 욕망, 해결되지 못한 공포, 이루어지지 못한 관계, 유화(宥和)할 수 없는 양심의 요구, 사용되지 못한 능력, 불완전한 동일성, 억압된 영적 요구들, 이런 것들이 앞을 가로막고 전진을 방해하고 주체성을 발휘하지 못하게 한다.

역사(인간사)에 있어서 오랫동안 망각된 상처는 그것을 자각하지 못하는 많은 사람에게 참담한 결과를 가져온다. 만약에 우리가 과거를 이해할 시간이 없다면 미래를 컨트롤하는 통찰을 가질 수 없는 것이다. 왜냐하면, 과거는 결코 우리를 떠나는 일이 없으며 미래는 이미 눈앞에 와 있기 때문이다.

건강한 인격은 주체성이 어느 정도 순조롭게 길러진 사람이요, 정신이 불건전한 신경증이나 정신병적 인격은 주체성의 상실자라고 할 수 있다. 인격의 성숙이나 완성이 주체성의 확립이요, 최고의 경지는 도(道)를 깨친 각(覺)의 경지이다.

주체성의 회복은 자각으로만 이루어지는 것이고, 선(禪)에서 말하는 애응지물(碍膺之物)을 제거함으로써 이루어진다. 애응지물이 생기기 전의 나의 참다운 모습, 즉 본래면목(本來面目) 또는 진면목을 만남으로써 이루어진다.

수도(修道)를 하면 검은 소에 흰 점이 하나 생겨서 흰 부분이 확대되고 나중에는 흰 소가 된다고 한다. 이것은 파괴적인 감정이 없어지고 건설적인 사랑의 감정이 성장하는 것이며, 긍정적인 힘의 성장이다.

건전한 인격과 정신이 배양되려면 건전한 사람에 둘러싸여 사랑과 존경을 받아야 하고, 불건전한 사람 속에서 미움과 천대를 받았을 때 인격이 왜곡되고 불건전한 정신을 갖게 된다는 것이 판명됐다.

한때는 환경에 적응을 못 하는 것이 불건강하고 적응이 잘되어 있으면 정상 내지 건강한 것으로 보았었다. 이것은 통계적인 대다수를 정상으로 보는 견해이고, 가치에 기준을 두는 건강 개념과는 다른 것이다. 병적인 사회에 잘 적응하지 않고 자기 동일성, 주체성을 견지해 가는 사람이 건강한 것이다. 환경에 잘 적응해서 자기를 상실하는 사람을 건강하다고는 볼 수 없다.

그러므로 오늘날 정신 건강의 개념은 성숙된 인격이고, 적응이 아니라 인격 내부와 외부와의 통정(統整)이며, 필자의 견해로는 주체성이 정신의 건강이라고 본다.

자기 비하와 자기 팽창 사이를 무한정으로 왕래하는 것이 노이로제 환자의 심리다. 그러면 건강한 정신이란 어떤 상태를 말하는 것인가? 그것은 한마디로 주체성이다.

▨ 안병욱(安秉煜, 1920~2013, 한국의 철학자·교육자)
숙명론의 철학은 노예의 신앙이다. 내 운명은 내 뜻과 내 수중에 있다고 믿는 것이 진리인의 종교요, 자유인의 신앙이다.

역사적 현실의 맥박이 거칠면 거칠수록 인간은 현실도피자가 되기 쉽다. 현실도피주의는 약자의 철학이다.

우리는 역사의 무책임한 구경꾼도 아니요, 사회의 게으른 방관자도 아니다. 우리는 역사적 현실의 자각적이고 주체적인 참여자가 되어야 한다.

▨ 김태길(金泰吉, 1920~2009, 한국의 철학자·교육자)
인간을 위해서 가장 중요한 것은 자기 자신의 주인공이 되는 일이다. 남의 동정심이나 선심에 의존할 수밖에 없는 사람은 자신의 주인공으로서 타당하게 살기가 어렵다.

▨ 출처 미상
아노미(anomie)란, 자기 자신의 도덕적 기반이 뿌리째 뽑히어 아무런 규율도 없이 오로지 분열적 충동만을 가지고 사실의 연관성도 이해하지 못할 뿐만 아니라, 민족의식도 의무의 관념도 갖지 못한 사람들의 정신 상태를 의미한다. 아노미의 증상에 걸린 사람들은 정신적으로는 비생산적으로 되어, 오로지 자기 자신에 대해서만 반응을 보일 뿐, 다른 어떤 사람에 대해서도 아무런 책임을 느끼지 않는다. 또한 그는 다른 사람이 추구하는 가치를 비웃는다. 그의 유일한 신앙은 부정(否定)의 철학이다. 그에게는 미래도 없고, 과거도 없다. 그는 가냘픈 감각적인 선상에서 불안하게 생을 이어갈 뿐이다.

그러면 이러한 아노미는 과연 어떠한 경우에 발생하는 것일까?
1) 감수성이 예민한 사람들이 숨도 제대로 쉬지 못할 정도로 연속적으로 자기의 신앙이 동요되는 심한 충격을 받았을 경우.

2) 어떤 심한 환멸을 느끼게 된 결과로 부정의 정신에 지배되는
　경우

　아노미란 위기와 동란의 시대에 가장 현저하게 나타나는 것으로
서 전체 사회에 연결되는 개인 의식의 붕괴 상태이다.

　즉, 아노미란 전통적인 룰(rule)이나 권위의 붕괴로 말미암아 일종
의 심리적 무정부 상태를 발생케 한 현상의 하나이다.

건강(健康)에 대하여

◾ 아미엘(Amiel, H., 1821~1881, 스위스의 철학자)

건강이 있는 곳에 자유가 있다. 건강은 모든 자유 중에서 으뜸가
는 것이다.

◾ 에머슨(Emerson, R, W., 1803~1882, 미국의 사상가·시인)

일찍 자고 일찍 일어나는 것은 사람을 건강하게 하고 또 현명하게
하는 것이다.

◾ 지드(Gide, A., 1869~1951, 프랑스의 작가)

나의 할 일이란 나의 건강에 유의하는 일이다. 자기 몸을 위해 좋
은 것은 모두 좋다고 하고, 선(善)이라고 하지 않으면 안 된다.

◾ 카네기(Carnegie, A., 1853~1919, 미국의 실업가·강철 왕)

마음과 같이 육체도 한 조직위에 매어지지 않으면 안 된다. 위는
과분한 음식물의 짐을 짊어지게 해서는 안 된다. 폐는 불결한 공기로
채워져서는 안 된다. 신경은 시끄럽고 가치 없는 생활로 피로해져서

는 안 된다. 근육은 적당한 방법의 끊임없는 운동으로 해서 상쾌하게 유지되어 나가야 한다. 우리는 신체의 조직이 무엇이 부족하여 무엇을 요구하고 있는지를 잘 인식하여 그것이 채워지도록 주의하여야 한다.

▨ 칼라일(Carlyle, T., 1795~1881, 영국의 사상가)
건강한 사람은 자신의 건강을 모르고, 병든 사람만이 이것을 안다.

▨ 학생생활대백과사전
마음의 건강이란 가정이나 학교에서 최고의 능률을 발휘하며 밝은 마음으로 절도 있는 행동을 하고, 어려움에 부딪쳤을 때도 이겨내는 정신의 상태를 말한다.

정신과 육체의 건강을 유지하려면 일(공부), 휴식, 운동, 놀이의 네 가지가 잘 조화되어야 한다.
특히 성장기의 어린이나 중학생은 운동과 놀이를 통하여 손발을 움직임으로써 머리의 작용도 좋아지는 것이다. 이 머리의 작용이 공부나 그 밖의 사물의 이해와 판단에 큰 구실을 한다.

건강한 사람이란 몸이 튼튼하고 마음이 밝은, 항상 명랑하고 희망에 찬 사람이라고 하겠다.
건강은 마음과 몸, 환경 그리고 생활 행동의 세 가지 조건이 다 건전하고 또 전체가 조화를 이룰 때 성립하는 것이다.

몸의 건강을 위해서 잊어서 안 될 것은 운동과 휴식이다. 운동은 부족해서도 안 되지만 지나치는 것 또한 금물이다. 몸의 피로를 푸는 데 가장 좋은 것은 잠자는 일이다. 잠을 잘 잔다는 것은 하루의 피로를 풀어 줄 뿐만 아니라 머리를 쉬게 하며 그동안에 몸을 무럭무럭 자라게 한다.

적절한 운동은 여윈 사람의 경우 알맞은 체형으로 만들어 주고, 그 반대로 비대한 사람의 경우 지방을 없애 준다.

▨ 체력육성운동(건강생활체육프로그램, 학문사)

규칙적인 운동은 두통, 긴장(stress), 변비, 호흡 곤란, 관절염, 불면증, 감기, 복통 등으로부터 탈피시켜 편안함을 가져다준다. 비활동적인 생활 방식은 근육의 힘을 잃게 하고 비만증을 가져오며, 심장, 폐의 능력을 무력화시키는 생리적 변화를 야기한다.

규칙적인 운동이 건강에 좋은 열쇠이며, 운동이 세상에서 가장 값싼 예방약이라고 할 수 있다.

▨ 정의열(한국의 한의학자)

무슨 일이든 성공이나 실패는 오로지 아이디어에 달려 있다고 해도 과언이 아니다. 성공이라는 것, 또는 돈을 벌었다는 말 등도 따지고 보면 아이디어라고 할 수 있는데, 그 아이디어는 심신의 건강에서 분출되는 정수라고 할 수 있다.

예로부터 영웅이라는 사람, 또는 크게 성공했다는 사람들을 보면 결국은 심신이 건강했기 때문에 그만큼 큰일을 할 수 있었던 것이다. 몸이 허약하면 머리(두뇌)도 약해져 아무 일도 못 하게 된다. 건강이 쇠약해지면 머리도 둔해져 모든 사고방식이 소극적이 될 수밖에 없는 것이다.

▧ 김정구

　신체적 건강은 정신적인 힘의 바탕이 될 뿐만 아니라 평생을 살아가는 데 밑천이 된다. 청소년 시절에 강건하게 신체를 단련하면 평생동안 건강을 유지하는 데 도움이 될 뿐 아니라 적극적이며 활기 있는 마음을 지닐 수 있고, 또 모든 일에 대한 자신감을 가질 수 있다.

▧ 출처 미상

　진정한 의미의 정신 건강이란 단순히 병에 걸리지 않는 소극적인 상태에서 그치는 것이 아니라, 한 걸음 나아가서 개인이 최선의 기능을 발휘할 수 있어서 최대한의 자기실현을 이룩하는 하나의 이상적인 상태를 말하는 것이다. 달리 표현하면 정신건강이란 풍부하고, 행복하고, 조화롭고, 효율적인 삶을 살아갈 수 있는 이상적인 경지에 도달한 상태를 말하는 것이다. 그러므로 이 세상에 사는 인간으로서 아직도 완전한 건강 상태에 도달한 자는 하나도 없는 것이다.

　정신적으로 건강한 사람은 자기 존중감과 자신감을 가지고 있다. 그는 자기가 사회적으로 가치 있는 존재라고 스스로 느끼고 적극적으로 일을 처리하려고 노력한다. 그러나 정신적으로 건강하지 못한 사람은 항상 열등의식에 사로잡혀 살기 때문에 만사에 자신이 없다. 때로는 열등감에서 오는 불안을 해소해 보려고 없는 능력을 과장하거나 일부러 거만스러운 태도를 취하나 실은 항상 불안하다.

　정신 건강은 사랑하고 창조할 수 있는 능력에 의해서, 씨족과 토지에 대한 밀접한 관련으로부터 탈출에 의해서, 자신의 힘에 대한 행위자와 주체로서의 자기 체험에 기초한 일체감에 의해서, 그리고 우리 내부와 외부 현실의 파악에 의해서 성격 지워진다.

정신적으로 건전한 사람은 사랑과 이성과 신앙에 의해 사는 사람이며, 자신의 생활과 타인의 생활을 동시에 존중할 줄 아는 사람이다.

■ 『건강생활』(체육교육문고간행회, 1982)

단순히 질병이 없다든가 허약하지 않다고 건강한 것이 아니다. 정신적으로나 신체적으로 건강하고, 사회적으로도 양호한 영향을 줄 때 건강이라고 말할 수 있다.

체력 배양의 3대 주축은 운동, 영양, 휴식으로 이 세 가지의 균형이 가장 중요하다.

정신 건강의 유지를 위한 가장 기본적인 심리적 조건은 사람들에 대한 애정의 풍부함에 있다. 얼마만큼 풍부한 애정을 사람들과 공유하고 있는지가 그 사람의 정신 건강을 측정할 수 있는 최대의 기준이 되는 것이다.

■ 출처 미상

건강에 있어서 최대의 적이 마음의 긴장에 있다면 그 긴장에서 해방되도록 마음을 풀려면 어떻게 할 것인가? 마음의 긴장은 대개 공포와 분노 때문이다.

미래에 무엇이 일어날 것이라는 근심이나 공포, 또는 과거에 일어난 일에 대한 분노이다. 공포는 대체로 분노로 표현된다. 당신을 해롭게 한 모든 사람을 용서하고 당신 마음의 긴장을 풀어야 한다. 모든 사람, 모든 사태, 모든 상태로써 당신에게 고통이나 근심이나 분노의 원인이 된 것을 전부 용서하면서 말이다.

■ 덴마크 속담
　태양은 건전한 지붕에 비친다.

■ 정해칠(저서 『보신보정』)
　심신이 온화하다면 내장에도 좋은 영향을 주고 혈액의 순환은 활발하여지며, 호르몬이 흘러들어서 뇌 조직에도 신선한 혈액이 들어와 뇌의 활동을 좋게 하고, 또 그에 따라서 얼굴도 아름답고 건강하게 보일 것이다.

■ 『건강관리백과』(남우출판사, 1974)
　노쇠를 방지하려면 수면을 충분히 하여야 한다.
　세리에 박사— 컨디션의 삐뚤어짐(부조화)은 어떤 원인의 병에도 한결같이 토대가 되어 있는 것이다.

　생명이란 율동과 변화, 자극이 있어야 발전이 있는 것이고, 삶의 보람을 느끼는 법이다. 모든 원리가 그렇듯이 인생에 있어서도 대개 슬럼프를 거친 후에 점프가 있는 것이다. 오랜 길을 걸어갈 때, 도중에 쉰 다음 더 활발하게 걸어가듯이 휴식기 후에 비약, 발전이 있다.

　생명이 살아가는 데는 병마, 정신적 고뇌 등의 슬럼프(slump)가 있기 마련이고, 이런 과정을 겪어야만 도약(jump), 혹은 발전이 이루어지는 것이다. 생명은 항시 이와 같은 슬럼프에서 점프라는 리듬을 본능적으로 원하고 있으며, 이와 같은 변화가 없을 때 생명력은 시드는 것이다.
　인간의 조화나 건강을 유지하려면 조용하고 변화 없는 상태의 유지만으로 이루어지는 것은 아니다.

■ 오묘한 인체(한국과학기술진흥재단)

생명을 유지하려면 몸의 모든 기관이 잘 조화되어 순조롭고 활발하게 움직여야 한다. 그런데 이러한 세포가 비록 한꺼번에 모두 노쇠하여 죽지 않는다고 하더라도 어느 한 부분의 세포가 노쇠하면 몸 전체의 미묘한 조화가 무너진다. 이것이 죽음의 시작이다. 그리고 이 때문에 결국은 죽게 되는 것이다.

■ 에디슨(Edison, T. A., 1847~1931, 미국의 발명가)

항상 적게 먹는 습관!

■ 김현수(저서 『인간 개조의 철학』)

완전한 식사란 개인의 조건에 따라서 달라지며 음식물의 질과 양은 그 개인에 알맞은 것을 섭취해야겠지만, 근본적으로 소식(小食)과 단식, 그리고 자연식과 전체식을 해야 한다. 천 년을 산다는 학은 위를 늘 반쯤만 채우고 있다. 우리는 학의 장수 비결을 배우지 않으면 안 된다.

■ 아인슈타인(Einstein, A., 1879~1955, 미국의 이론물리학자)

나는 단순한 생활이 육체적으로 또 정신적으로 유익한 것이라고 생각한다.

웃음에 대하여

▨ 생트 뵈브(Sainte-Beuve, 1804~1869, 프랑스의 비평가·시인)

미소는 정신이 훌륭한 상태에 있다는 사실을 가장 미묘하게, 그리고 명백하게 나타내는 증거다.

▨ 새커리(Thackeray, W, M., 1811~1863, 영국의 소설가)

미소가 없는 인생은 메마른 사막과 같다.

▨ 그레빌(Greville, F., 1554~1628, 영국의 작가)

인간은 웃는 힘을 수여받은 유일한 생물이다.

▨ 칼라일(Carlyle, T., 1795~1881, 영국의 사상가)

웃음은 온 인류의 수수께끼를 푸는 열쇠이다.

▨ 출처 미상

유머야말로 불로장수(不老長壽)의 비결이다.

웃음이란 왜 웃는가를 알려고 하지 마라. 알려고 한다면 그럴수록 반대로 웃음은 없어질지 모른다. 웃음의 원인을 알려는 연구는 웃음을 아는 것에 반대하는 것이다.

▨ 니체(Nietsche, F., 1844~1900, 독일의 철학자·시인)
웃음을 포함하지 않는 진리는 진리가 아니다.

▨ 위고(Hugo, V, M., 1802~1885, 프랑스의 시인·소설가)
인생이 엄숙하면 엄숙할수록 그만큼 유머는 필요하다.

▨ 에메트 폭스(Emmett Fox, 미국의 설교가)
인생에서 가장 중요한 요소는 유머와 미소이다. 유머와 미소는 돈이나 시간이나 노력을 특별히 요하는 것이 아니면서도 인간 생활에 있어서 최고의 중대사이다.

▨ 최철원(편저 『세계풍류야담전집』)
해학과 웃음은 우리 인간에게만 부여된 특권이니 유머와 웃음은 인간 생의 기쁨의 표현이라 할 수 있다.

웃기 위해서는 우리에게 웃음을 가져다주는 사물이나 오락이나 예술에 친근해야 할 것이며, 항상 마음을 명랑하고 쾌활하게 하는 최량의 수단으로서 웃는 기회를 애써 만들어야 할 것이다.

▨ 『탈무드』(유대교 랍비의 이야기를 담은 책)
만일 슬프거나 괴로운 일이 있거든 부디 한 번 '하하하!' 하고 큰 소리로 웃어보라. 웃음이란 자신뿐만 아니라 자기를 둘러싸고 있는 주위의 세계를 밝게 하는 힘을 지니고 있다.

괴로울 때 그만큼 웃을 수 있다는 것은 유대인들의 강함을 말해 주는 동시에 인간의 존엄을 지키는 최후 수단의 하나였다고 생각된다. 웃음이란 승리자가 가지는 특권이다. 그런데 유대인들은 패배해도 웃음으로써 그 패배에서 벗어나는, 예로부터 유머를 존중하여 웃기를 잘하는 민족이었다.

지나치게 진지하게만 생각해 나가는 사람은 멸망하기 쉽고, 또한 멸망하지 않을 수 없다.

사람은 세상을 웃을 뿐 아니라 자기 자신까지 웃을 수 있는 마음의 여유가 있지 않으면 안 된다. 자기 자신을 확고하게 지니고 있음으로써 세상을 냉정하게 바라볼 수도 있고, 고도의 문화를 가진 사람일수록 유머를 느낄 수 있는 것이다.

유머는 결코 사물을 과장하거나 비웃기만 하는 것이 아니다. 그 가운데는 재미있는 진실이 숨겨져 있는 것이다. 그리고 유머는 분노의 대상(代償) 행위라고도 생각된다. 문화나 교육 정도가 낮은 사람은 사람을 꾸짖거나 폭력에 호소하기를 잘한다. 그러나 교육 수준이 높은 사람일수록 상대를 꾸짖거나 때리는 대신 웃음으로써 스스로 만족한다.

▨ 박승훈(저서 『해학과 독설』)
해학은 인생에 대한 만만한 여유를 지니고 있기 때문에 초연한 해탈 상태의 시원함으로 볼 수 있다.

▨ 피셔(Fischer, K., 1824~1907, 독일의 철학자)

위트(wit)는 웃음을 자아내게 하는 재치 있는 판단.

▨ 김재은(金在恩, 1931~, 한국의 심리학자·교육자)

만담, 개그, 농담, 우스갯소리를 진짜로 알아듣는 사람은 상상의 틈바구니가 없는 사람으로서 재미가 없는 사람이다.

근로(勤勞)에 대하여

▨ 서양 속담

일을 보고 그 사람을 안다.

▨ 솔로몬

일을 게으르게 하는 사람은 쓸데없이 돈을 낭비하는 사람의 형제
이다.

▨ 헤시오도스(Hesiodos, BC 8세기경, 고대 그리스 시인)

근로는 아무런 수치가 아니다. 수치인 것은 오히려 일하지 않고
있는 것이다.

▨ 보들레르(Baudelaire, C., 1821~1867, 프랑스의 시인)

욕심을 부리면 부릴수록 사람은 더욱더 욕심을 낸다.

일을 하면 할수록 사람은 더 일을 한다. 그리고 더욱더 일이 하고
싶어진다. 제작하면 할수록 사람은 더욱더 많이 만들어 내게 된다.

젊은이를 위하여

◼ 괴테(Goethe, 1749~1832, 독일의 시인·정치가·과학자)

젊었을 때는 오류도 괜찮다. 다만 그것을 노년에까지 이끌고 가면 안 된다.

소녀가 아름다운 것은 있는 그대로가 아름답기 때문이지만, 청년이 아름다운 것은 미래에 대한 무한한 가능성 때문이다.

◼ 출처 미상

씩씩한 청년이여, 세상을 위해서 무엇인가를 해 보려고 하는 결의는 네 정신 내부에서의 활동에서 나오지 않으면 안 된다. 자유로운 사랑과 즐거움 속에 네 내심에서 용솟음쳐 나오는 이외의 것에 손을 내지 말라.

◼ 몰트게(Moltke, H., 1800~1891, 독일의 군인, 원수)

나는 언제나 청년의 실패에 대해서 흥미를 가지고 보고 있다. 청년의 실패야말로 그의 성공의 척도이다. 그는 그 실패를 어떻게 생각했는가? 어떻게 처리했는가? 낙담했는가? 물러섰는가? 혹은 다시 용기를 내어 전진했는가? 그것으로써 그의 생애는 결정된다.

■ 처칠(Churchill, W., 1874~1965, 영국의 정치가)

젊은이는 인생의 출발점에서 어느 정도 호되게 혼나지 않으면 그에게 출세를 기대할 수는 없다.

■ 플라톤(Platon, BC 427~347, 그리스의 철학자)

무슨 일에나 숙달(熟達)할 수 있는 것은 젊은 시절에 있어서이다.

■ 보들레르(Baudelaire, C., 1821~1867, 프랑스의 시인)

청년은 완전한 것을 사랑하지 않는다. 왜냐하면, 그것은 그가 할 것을 조금밖에 남겨 놓지 않아서, 그를 화나게 하거나 지루하게 하기 때문이다.

■ 김재준, 김형석(저서 『지성과 젊음의 대화』)

조국은 자라는 젊은이들에게 큰 기대와 희망을 걸고 있다. 모든 장래와 영광이 오로지 그들의 뜻과 노력에 달려 있기 때문이다.

"노력하는 이는 있는 것 위에 더 받게 되지만, 게으른 자는 있는 것까지 빼앗긴다."라는 성서의 말씀은 언제나, 그러나 누구에게나 진리임을 잊어서는 안 된다.

아직도 너희는 오랜 세월을 한 가지 일에 집중시켜 나가야 하는 중요한 단계에 머물고 있다. 그리고 일 자체가 즐거움을 느끼게 될 때 비로소 사람은 삶의 보람을 느끼는 법이다.

행복이란 뜻있는 일을 꾸준히 계속하는 데서 오는 즐거움 이외에 다른 것이 아니다. 보람된 일에 열중할 수 있는 사람만큼 행복한 사람은 이 세상에 없는 법이다.

인간의 위대함이란 성실한 일로부터 시작되며, 인생의 고귀함이란 참된 노력이 쌓여 이루어지는 것임을 잊어서는 안 된다.

돈과 명예와 지위를 탐내는 사람은 그 모두를 잃기 쉬우나, 오히려 참되게 노력하고 일하는 사람들은 그 모든 것을 저절로 얻게 되어 있는 것이 우리 인생이며 세상인 것이다.

토마스 칼라일, 그는 영웅을 가리켜 '시작하는 사람'이라고 평했다. 그렇다. 거대하게 흘러가는 역사적 현실 속에서 자신에게 주어진 일을 먼저 시작하는 사람, 그보다 훌륭한 사람은 없을 것이다. 그는 창의성을 가진 사람이며 높이 말하면 창조자가 되기 때문이다.

겸손하면서도 힘 있는, 낮은 현실에서도 높은 이상을 찾는, 오늘을 통하여 영구(永久)한 것을 찾아 건설하는 삶을 가져준다면 그것으로 만족하게 생각한다.

▨ 김성식(金成植, 1908~1986, 한국의 사학자)
청년 문화란 현대 청년층의 사고방식, 생활 유의(類義), 언동의 표현 내지 젊음의 문화를 가리키는 말이다. 통념대로 말한다면 기성 전통문화가 현실주의적이요, 제도를 숭상하고 필연성과 보수성을 지니고 있는 데 반해서, 청년 문화는 어디까지나 이상주의적이고 반체제적, 자유적, 진보적인데 그 특색을 갖고 있다고 하겠다.
청년 문화의 안일성은 대금물이다. 역경에서 청년의 의지가 강화되고, 고난에서 청년 문화가 창조된다는 것을 명심해야 한다. 모든 신문화 창조자는 고난과 고독을 공기 마시듯이 했다. 거기서 자란 청년 문화일수록 먼 후일 가치 있는 전통문화가 되는 것이다.

괴로운 나날

팔다리가 쑤시기로소니
가슴 아픈 데 비하겠나
아무리 몸이 아프다기로소니
마음 아픈 데 견줄 수 있겠나

자네 너무 걱정하지 말게
인생은 괴로운 것
괴로움이 없는 인생은
가치 없는 인생인 거야

굴곡이 없으면
인생은 살맛이 없어
명암(明暗), 희비(喜悲)는 반드시
인생의 앞뒤에 있는 법

고진감래(苦盡甘來)란 말 못 들어 보았나
진부한 말이지만 그런 확신을 갖고 사는 거다
인생의 의의는
확신을 갖고 사는 데 있어

자네가 확신을 가지면
나도 확신을 갖게 되고

그리고 우리가 모두
확신을 갖고 사는 민족이 되는 거야

괴로움은 젊은이에게 더 뜻이 있는 것
늙어지면 염병이나 긴병도 찾질 않아
얼마나 다행한 일인가
자네들에게 괴로움이 있다는 것 말일세.

젊은 세대는 자연히 고난이 많은 법이니 그것을 달게 받아야 한다. 그렇기 때문에 옛사람도 "젊어서 고생은 금 주고도 못 산다"고 하지 않았는가?

앞날의 자기와 또 후손을 위해서 제군들은 향락을 버리고 민족적 고난을 등에 져라.

▨ 안호상(저서 『민족얼과 주체성』)

젊은이, 젊은 지식층!

여러분은 다시금 사상 정립에 눈을 돌려야 한다. 젊은이라 해서 멋대로 생각하고 멋대로 따라가는 습관을 벗어날 때가 온 것이다.

▨ 최재희(저서 『학생과 사상』)

20세 전후의 학창 시절은 인생에 있어서 참으로 중요한 시기이다. 왜냐하면, 역사상 각층의 훌륭한 인물들의 생애를 살펴볼 때, 20세 전후에 한 번 먹은 그들의 생각은 학원 외의 생활에도 영향을 미쳤고, 중년에 부침기복(浮沈起伏)을 겪기는 했으되 거의 일생을 꿰뚫는 힘을 부리었기 때문이다.

아직 학창에서 배우고 있는 학생 제군의 미래는 전혀 미지수인 것이다. 학원에 묻혀 있다고 말할 제군들 가운데서 장차 어떠한 대정치가, 대 실업가, 대 과학자, 대 문호가, 대 철학자가 나올 것인지 이 점은 아무도 예측할 수가 없는 터이다.

학생 여러분.
제군의 사상과 포부와 생활 목표는 무엇보다도 '민족을 위하는 것'이 중심이 되어야 한다.

가치상으로 말하면 민족은 물론 지상가치가 아니다. 민족의 가치 위에 '인류'의 가치가 있을 것이다. 바꾸어 말하면 인류적 가치가 민족적 가치보다도 더욱 높은 것이다. 그러나 인류를 구분해 볼 때 그것은 구체적으로는 여러 민족으로서 조직된 것이 틀림이 없다. 이러고 보면 높을 성싶은 인류적 가치이더라도 그것을 실현하는 구체적인 길은 자기가 속해 있는 민족적 존재의 가치를 실현하는 데 있다고 할 것이다.
따라서 사람은 추상적으로 인류적 가치를 부르짖기 이전에 '민족적 가치'의 실현에 매진하지 않을 수 없겠다.

▨ 김은우(저서 『새 사상과 교육』)
아마도 시간이 지루하다는 사람들의 말은 그야말로 터무니도 없는 거짓말일지도 모른다. 즉 너무나도 현실에 태만한 사람들 만이 시간의 흐름을 지루하게 느끼는 것이다. 그래서 사람은 누구를 막론하고 일을 하며 살아가도록 본래부터 만들어진 것이며, 그 본래의 사명을 잊으려는 사람들에게는 황금 같은 현실이 허무하고 지루하게만 느껴지는 법이다.

학교의 경우도 그렇다. 학생의 신분은 바로 공부를 해서 보다 더 나은 내일을 창조하려는 데, 그 본분이 있지 않겠는가 말이다. 하지만 그 본래의 자기 위치를 인식하지 못했을 때 그 학생은 바로 모든 면에서 다른 학생을 도저히 따라가지 못하게 되는 것이다.

무엇보다도 너의 공부를 옷을 입고 벗는 것처럼, 머리를 빗고 이를 닦는 것처럼 습관으로 만들어라. 그러면 공부가 너무나 너의 생활에 일부분이 될 것이기 때문에 단 한 번이라도 공부를 빠뜨리면 너는 죄의식을 느낄 것이다.

학생이 비록 머리가 둔할지라도, 학과가 처음에 보아서 어려워 보일지라도, 그가 인내할 수 있고 공부를 게을리하지 않으면 공부가 전보다 더 수월해지거나 적어도 덜 어려워진다는 것을 알게 될 것이다.

▨ **머셀**(저서 『음악교육과 인간 형성』)

청소년기에 있는 젊은이는 두 가지 임무를 수행해야 할 운명에 있습니다. 그중 하나는 다른 사람들과 다른 존재가 되고 개인적인 특성과 독특한 주체성을 발휘하는 일이며, 그와 동시에 한 사회의 구성원이 되어 단체에 가입하고 다른 사람들과 동등한 입장에 서는 일입니다. 이 두 가지 모두 앞으로의 일생에 매우 중요한 일들입니다. 사회적인 결합과 개인적인 입장이 꼭 들어맞는다면 조화와 목적의식이 일어나지만, 그렇지 못할 경우에는 개인적으로도 불행하고 사회적으로도 불안을 초래하게 됩니다.

군중 속에 파묻힌 하나의 얼굴에 불과하다는 사실을 면하기 위해서는 '나는 누구이며 무엇 하는 사람인가?'라는 자아의식과 지나간 역사에 관한 의식, 즉 '내가 물려받은 전통은 무엇인가?'를 묻는 것과 미래에 관한 의식, 즉 '장차 내가 무엇이 될 수 있을까?'라는 물음이 필요합니다.

우리가 반드시 기억해야 할 점은 바로 이 점입니다. 즉, 권태증에 걸리고 외로워서 정신과 의사를 찾아오는 고독한 군중의 하나하나가, 전에는 모두 젊은 사람이었는데도 어떻게 잘못되어 목적의식 없이 그리고 자기의 능력과 진보에 대한 깊은 느낌이 없이 청소년기를 지내버린 사람들이라는 점입니다.

▨ 이훈구(李勳求, 1940~, 한국의 심리학자)

로저스는 우리가 학교 공부, 친구와의 관계, 직업 및 결혼에서 성공적으로 적응하게 되면 자신에 대해 긍정적인 자아 개념을 갖게 되어 그의 성격은 자신만만하고 외향적이며 적극적으로 된다고 보았다.

반면 여러 가지 사회생활에서 실패를 거듭하게 되면 그는 열등감이 많고 소극적이며, 비사교적인 사람이 된다고 보았다.

에릭슨이란 성격 심리학자는 청소년이 건전한 성격을 지니려면 이 시기에 자아 정체를 잘 확립해야 한다고 주장한다. 자아 정체란 나는 어떤 사람이며, 앞으로 어떤 사람이 되기를 바라고 또 인생을 어떻게 살아갈 것인가에 관한 자기 인생의 행로에 관한 결정을 말한다.

자기의 진로를 보다 심각하게 생각하는 사람은 인생이란 무엇인가, 인생을 어떻게 살아갈 것인가, 정의와 진리는 무엇인가, 우정이란 중요한 것인가, 결혼은 꼭 해야만 하는 것인가 등에 관해서 고민한다.

어른들은 흔히 청소년에게 인생을 너무 순탄하게 살기보다는 이것저것 장벽에 부딪혀 보는 것이 원만한 성격을 갖는 데 더 큰 도움이 된다고 말한다. 이것은 어느 정도 일리가 있는 말이다. 우리는 친구나 사랑하는 사람으로부터 배척을 받고, 절박하고 급박한 상황, 예를 들어 게임에서 지거나 친구와 의견 대립이 있을 때 자기의 성격 문제점을 인식할 수 있다.

▨ 출처 미상

우월한 입장에 있는 젊은이들은 민주주의의 양지바른 쪽에서 살고 있고, 그들의 유연성은 다음 세대에 전해줄 만한 가치가 있는 적극적인 가치와 맞먹을 수 있습니다. 이런 사람들은 끊임없이 창조적인 활동을 하고 있고, 천재를 배출하고 있고, 인생의 여러 가지 면모를 침착하게 처리해 나가는 사람들입니다. 그들이 가지고 있는 꿈은 밝은 것이고, 그들에게는 과거와 미래가 아름다운 가치를 가진 고운 선물로 그려지고, 우리가 소유한 문명에 대한 높은 감수성을 가지고 있는 사람들입니다.

다른 사람들을 도와주려고 애쓰고, 불행한 입장에서 당하는 문제들 때문에 곤란해하는 사람들에게 관심을 표시합니다. 국제적인 안목을 가지고 언어와 신조와 피부 색깔과 경제적인 우열의 차이를 넘어 인간을 돕고 싶어 합니다. 우리가 장래 따라갈 수 있는 지도자의 근원이요, 장차 우리의 문명과 정치계를 짊어지고 나갈 탄력성 있는 정예(精銳)입니다. 그들은 영원을 향한 우리들의 희망입니다.

▨ 한완상(韓完相, 1936~, 한국의 정치인·복지단체인)

젊음이란 마음의 상태요, 흐르는 과정이요, 움직이는 힘이지 한 곳에 괴어 있는 범주의 물이 아니다. 그러기에 기질로서의 젊음을 크게 보아 두 가지의 속성을 갖는다. 하나는 부드러움이다. 부드러우므로 더 자랄 여지가 있다. 그리고 부드러우므로 더 강할 수 있다. 밖의 자극을 부드럽게 받아넘기는 참 힘이 여기에 있다.

또 하나, 젊음은 불처럼 태우는 성질이 있다. 잘못된 것, 더러운 기존의 것들을 불처럼 태워 버리고 나서 새로운 것들을 만들려는 기품이 바로 젊음이다.

▨ 송건호(저서 『세계인생론 대전집 제7권』)

명랑하고 씩씩하고 희망에 벅찬 젊음은 반드시 운동하는 생활 속에서 싹튼다는 것을 알아야 한다.

인내(忍耐)에 대하여

■ 나폴레옹(Napoleon, B., 1769~1821, 프랑스의 황제)
승리는 잘 참는 자에게 돌아간다.

■ 라 퐁텐(La Fontaine, 1621~1695, 프랑스의 시인)
인내는 모든 문을 연다.

■ 영국 속담
세상은 인내심이 강한 사람을 위해 존재한다.

■ 존슨(Jonson, B., 1572~1637, 영국의 극작가·시인)
큰 사업은 역량에 의해서 성취되는 것이 아니라 인내에 의해서 성취된다.

■ 이탈리아 속담
조용히 가는 자는 안전하게 가고, 안전하게 가는 자는 먼 곳까지 간다.

▨ 에머슨(Emerson, R, W., 1803~1882, 미국의 사상가·시인)

영웅은 보통 사람보다 용기가 엄청나게 많은 것은 아니다. 다만 5분쯤 더 용기가 지속되는 것뿐이다. 왜냐하면, 그 5분이 운명을 바꾸는 힘이 되기 때문이다. 영웅이란 결국 좀 더 버티는 힘을 가진 사람일 뿐이다.

▨ 힐티(Hilty, C., 1833~1909, 스위스의 철학자·법학자)

뛰어난 문학, 마찬가지로 진정한 예술은 모두가 고뇌로부터(정열로부터가 아니다.) 태어난다. 고뇌가 없으면 깊이를 잃게 된다. 마찬가지로 정치도 인생의 밝은 면밖에 모르는 사람들의 손으로 행해질 때는 비참한 직업이다. 무릇 괴로움 없이는 참된 힘찬 생활을 보내기란 전혀 불가능하다.

까닭에 "참는 자에게 용기 있다."라는 프랑스 격언은 진실이다. 그 밖의 사람들은 참으로 용감하게 일을 추진해 가기에는 맞지 않는다. 괴로움은 인간을 강하게 하든가, 아니면 파괴해 버리든가 둘 중의 하나이다. 그 사람이 자기 가운데에 지닌 소질에 따라 그 어느 쪽으로 기울어진다.

또한 이 자리에서 분명히 말해 둘 것은 재능, 즉 천재는 오직 괴로움에 의해서만 뻗어갈 수 있다는 것이다. 그 이유는 우선 괴로움은 필연적으로 진지한 일로 그들을 몰아내거니와, 이것 없이는 그 어떤 천분도 위대한 목표에 이를 수 없기 때문이며, 그뿐만 아니라 오히려 그 이상으로 괴로움에 의해 많은 내적 및 외적 제한이 제거되는 까닭이다.

온갖 괴로움에 대한 공포는 바로 현대 사회의 특징으로, 그것은 고대 문화의 말기와 비슷하다. 사람들은 아주 사소한 일도 이제는 견디려 하지 않는다. 전 세대의 사람들 같으면 대수롭지 않게 참아 넘길 수 있어 보이는 일이 소란스러운 비탄의 계기가 되는 판이다.

여기에는 그 밑바닥에 커다란 잘못이 숨겨져 있다. 많은 괴로움은 바로 그것에 견디도록 정해져 있다. 왜냐하면, 괴로움을 통해서만 인생의 참된 사명이 실현되기 때문이다.

우리가 고뇌(苦惱)를 지녀야 하지 않으면 안 되는 것은 세 가지 이유에서이다. 첫째, 오만이나 경박해지지 않기 위해서이다. 고뇌는 시계의 추 같은 것이어서 인간이라는 시계의 진행을 바르게 조절하는 것이다. 둘째는, 남에게 동정을 지닐 수 있기 때문이다. 너무나도 좋은 생활을 하고 있어 근심, 걱정을 모르는 사람들은 자칫 이기주의가 되기 쉬우며, 남에게 전혀 동정심을 품지 않을뿐더러 그런 사람들을 심상치 않은 자, 자기네의 쾌적을 방해하는 것이라 느끼고 미워하게 될 수도 있는 것이다.

셋째의 이유는 신을 믿고 그 도움을 구하는 것을 우리에게 힘차게 가르쳐 주는 것은 오직 고뇌뿐이기 때문이다.

전문성(專門性)에 대하여

▨ 『경행록』(景行錄, 송나라 때의 저작)

무슨 일이든지 한 가지 일에 능통하라! 한 가지 일에 능통하지 못하고는 한 가지 지혜도 자라지 못하는 것이다.

▨ 웨버(Weber, M., 1881~1961, 미국의 화가)

실제로 결정적인 가치가 있는 업적은 오늘날 어느 것이나 전문가적으로 성취한 것뿐이다. 자기 영혼의 운명이 걸려 있다고 생각할 만큼 열중할 수 없는 사람은 우선 학문과는 인연이 먼 사람이다.

자기의 과제에 대하여 진심으로 헌신하는 사람들이야말로 그 일의 가치를 높임과 함께 자연히 그 이름도 높이는 것이 될 것이다. 이점은 예술가에 있어서도 다름이 없는 것이다.

▨ 공자[孔子, BC 552~479, 유가(儒家)의 시조]

자기 자신에 대하여 전심(全心)하지 못하는 사람과 무슨 일이나 골몰하지 못하는 사람은, 보아도 보지 못하는 사람이며, 들어도 듣지 못하는 사람이며, 먹어도 맛을 모르는 사람이다.

▨ 헤라클레이토스(Herakleitos, BC 544~483, 그리스의 철학자)

처음 결심한 일을 끝까지 몸에 지니지 못함은 잡념에 마음이 끌리기 때문이다. 무슨 일이고 한 가지 일을 성취하려면 그밖에 다른 일을 생각지 말아야 한다. 그렇기 때문에 여러 가지 일 중에서 가장 중요한 일 하나를 선택하는 것이 긴요하다. 영원히 영예로울 일을 취하고, 사멸해 버릴 것은 처음부터 버리는 것이다.

▨ 에우리피데스(Euripides, BC 484~406, 그리스의 극작가)

인간 혼자서 만사에 능할 수는 없다. 천분은 사람마다 다른 것이다.

▨ 김재은(金在恩, 1931~, 한국의 심리학자·교육자)

사람이란 재미있는 동물로서 수고하기 전에 그것을 안 하는 이유를 먼저 말하는 버릇이 있는데, 실은 안 하기 때문에 못하는 것이지 못하기 때문에 안 하는 것이 아닌 것이다. 즉 손재간이 없어서 피아노를 안 치는 것이 아니라 피아노를 안 치려고 하기 때문에 손재간이 안 길러지는 것이다. 이런 사람은 거의 모든 경우, 전문적인 기술이나 특출한 기능 같은 것은 갖지를 못한다. 그런 것에 불감증이 있는 사람들인 것이다.

▨ 홍문화(洪文和, 1916~2007, 한국의 약학자)

"커다란 계획이란 장기 계획이다."라고 말한 분이 있다. 오늘의 이 시대는 끈기보다는 재치를 신조로 삼고, 집념은 고정관념이라 비웃고, 한우물만 파는 사람은 수평 사고가 모자란다 하고 그래야만 미래의 충격이 없을 것이라고 한다.

▨ 이규태(李奎泰, 1933~2006, 한국의 수필가·언론인)

전문성과 권위를 유지하기 위해서는 쉬워서도 안 되고, 어려울수록 좋다. 손쉽게 전수할 수 있는 데도 일부러 까다롭고 힘든 회로를 통해 전수하려 든다.

곧 전문을 고집하고 전문을 방패처럼 내세우는 이면에는 자신의 실력 부재나 나태의 은폐수단이요, 그 전문의 타락을 은폐하는 수단이 되고도 있는 것이다.

각 분야에 걸쳐 어느 정도의 교양을 쌓은 다음에 자신의 전문 분야를 구축해 가는 것이 가장 이상적인 것은 두말할 나위가 없겠다.

▨ 이극찬(李克燦, 1924~2009, 한국의 정치학자)

라스키는 현대에 이르러 학문이 너무나 전문화되는 나머지 실제로 일반 대중의 생활에 산 학문이 되지 못하고, 이른바 '학문과 인생과의 괴리 현상'이 보이게 된 것을 날카롭게 비판하였다.

▨ 괴테(Goethe, 1749~1832, 독일의 시인·정치가·과학자)

아무리 비범한 인물이라도 성취해야 할 일종의 천직이 있다. 그가 이것을 완수해 버리면 그는 벌써 인간의 모습을 가지고 이 지상에 있을 필요가 없어진다.

성숙(成熟)한 인격에 대하여

인격이란 사람이 자기의 재능과 특성을 행사하는 데 있어서의 보편적인 자율 원리이다.

사람을 목적으로 삼을 것이며, 결코 수단으로 삼지 말라.

■ 출처 미상

성숙한 인격은 자기가 타고난 가능성을 실현하고 주체감을 가지며, 자신의 책임과 역할 성취를 충분히 완수한다.

성숙한 인격은 자기의 현실을 효율적으로 인지하고 현실 속에서의 자신을 객관화시키며, 현실과 자기 자신을 있는 그대로 받아들인다.

성숙한 인격은 사랑, 이해와 수용적 태도로 타인과의 따뜻한 관계를 유지한다.

성숙한 인격은 확고하고도 타당한 인생 목표를 지니고 살며, 통일된 세계관을 세우고 이에 맞추어 자주적으로 행동한다.

성숙한 인격은 문제를 직접 현실 속에서 해결하는 데 만족을 느끼며, 자기중심적이 아니고 문제 중심적으로 일에 열중한다.

▨ 밀(Mill, J. S., 1806~1873, 영국의 철학자·경제학자)

인간 정신의 수준이 높아짐에 따라 개개인이 다른 모든 사람과 일체감을 느끼게 하는 요인들이 점점 더 영향력을 발휘하게 되는데, 이 영향력이 완벽하게 작용하는 사람은 자기에게는 이익이 되지만 다른 사람에게는 도움이 되지 않는 상태란 생각하지도 않고 욕구하지도 않을 것이다. 종교라는 이름하에 이런 일체감이 도야되고, 교육, 종교 및 식견의 힘이 모여서 사람들이 어려서부터 이 일체감의 표현과 훈련에 에워싸인 상태에서 자라는 데 기여한다고 해 보자. 이런 상태를 생각할 수 있는 사람이라면 그 누구도 우리의 궁극적인 기준이 충분하다는데 이의를 제기하지 않을 것이다.

▨ 히파르코스(Hipparchos, BC190?~125, 그리스의 천문학자)

자아를 몰각(沒却)하는 정도가 커짐에 따라 세계가 넓어진다.

▨ 라 로슈푸코(La Rochefoucauld, 1613~1680, 프랑스의 작가)

남에 대하여 머리를 높게 가지는 것은 우스꽝스럽지만, 자기 자신에 대하여 머리를 높게 지니는 것은 훌륭한 일이다.

▨ 출처 미상

자만심을 싸는 겉보기의 겸손을 나는 미워한다.

▨ 한완상(韓完相, 1936~, 한국의 정치인·복지단체인)

정말 매력 있고 주체성이 강한 사람은 항상 자신을 연다. 자신 속에 있는 부족한 것도 보여준다. 자신의 잘못을 솔직히 인정한다. 자기의 잘못을 인정하기에 남의 잘못을 이해해 주고 잘못을 고백할 때 그것을 용서해 준다. 그리고 자기가 잘못했음을 시인하면서 곧 그것을 고쳐서 자기의 위치로 돌아온다. 마치 오뚝이가 제자리로 돌아오듯이 잘못을 인정하면 그것으로부터 새로운 교훈을 깨닫고 제자리로 돌아온다. 이것이 참으로 강한 것이다.

우리 주변에 오뚝이같이 부드러우면서도 중심(中心)이 있고, 중심(重心)이 있어서 참으로 강한 사람이 많아진다면 나 개인의 형편이나 나라의 형편이 더욱 좋아질 것이다.

▨ 프롬(Fromm, E., 1900~1980, 미국의 사회사상가·심리학자)

성숙한 인격이란 타인에게 무엇인가를 줄 수 있고, 타인의 안녕과 행복에 대해서 늘 주의를 하고 걱정을 해 주고 책임을 질 수 있는 성격이다.

생산적 성격– 적응할 수 있고, 이상적이고, 점잖고, 부드럽고, 능동적이고, 자랑스럽고, 자신 있고, 추진적이고, 실제적이고, 경제적이고, 성실하고, 목적적이고, 융통성 있고, 청년답고, 무엇인지 알려고 하는 것은 적극적인 면이다.

비생산적 성격– 일정한 주의가 없고, 비현실적이고, 결단성이 없고, 감상적이고, 악용적이고, 잘난 체하고, 거만 경솔하고, 상상력이 부족하고, 인색하고, 냉혹하고, 무엇인지 갖고 싶어 하고, 우연을 바라고, 원리 원칙이 없고, 어린애 같고, 둔한 것은 소극적인 면이다.

사람은 누구나 완전히 생산적일 수도 없고, 또한 그렇다고 완전히 비생산적인 것도 아니라고 했다.

▩ 윤태림(尹泰林, 1908~1991, 한국의 법조인·교육자)

정당한 일이라 할지라도 남에게 체면을 잃는 것을 더 불안하게 생각하기 때문에 항상 남의 표정을 살피게 된다. 언제나 남에게 비친 자신이 행동의 기준이 되는 것과 동시에, 반대로 또 언제나 남의 행동에 유달리 관심을 쏟아 여기에 필요 이상의 간섭과 압력을 가하게 되는 것이다.

개인이 공동체로부터 분화(分化)되어 있지 않다는 것은 바꾸어 말하면 개인의 지각이나 독립성이 아직도 대단히 낮은 단계에 놓여 있음을 의미하는 것이다.

▩ 허트슈네커(저서 『무엇이 그들을 병들게 하였나』)

다른 사람을 지배하거나 통제하고자 원하는 사람은 그들이 의존적이기를 바라고, 그들이 감정적으로 성숙하기를 원하지 않는다.

정치적으로 민주적인 사고방식과 같이 성숙이라는 것은 다른 사람에 대해 존경하고, 다른 사람 스스로가 결정할 수 있도록 허용하는 데 기반을 두고 있는 것이다.

우리가 하는 것과 똑같이 다른 사람이 하기를 주장하거나 태도나 취미에 있어서 다른 점을 받아들일 수 없다는 것은 경직성과 미숙성을 나타내는 것이다.

사람이 자기 자신에 대해서 알면 알수록 사람들은 더욱 성숙하고 가식적인 행동을 할 필요가 없게 된다. 비록 어렵긴 하지만 사람이 솔직해지려고 하면 할수록 그는 공허하고, 영원히 불만족하게 만드는 가장된 허구의 세계에서보다는 진실된 세계에서 산다는 것이 더욱더 쉽다는 것을 결국 알게 된다.

인생에 의미를 부여하기 위해서는 욕구와 인간성, 충동과 객관성 간에 균형을 이룩하는 방법을 개발해야 한다. 올바르고 성숙한 삶은 힘의 균형을 이룩하는 지혜를 요구하는 것이다.

어떤 순간보다 죽음에 직면했을 때, 사람의 전 인격이 보다 완전히 드러난다. 성숙하지 못한 사람은 분노 속에 죽을 것이고, 개인생활이 덜 채워진 사람은 욕설을 입에 담고 죽을 것이다.

한편, 성숙한 사람은 스스로의 생이 꽉 찼음을 느끼는 까닭에 평화롭게 죽음을 받아들일 것이다.

▨ 출처 미상

자기의 참된 성장은 자기를 사회화시킴으로써 비로소 이룩되는 것이다. 그러면 자기를 사회화시킨다는 것은 도대체 무슨 뜻일까? 그것은 자기의 생산이 사회에 의해서 소비되는 것을 말한다. 생산이란 자기가 놓인 자리에서 만들어 낸 유형, 무형의 산물이다.

사람의 인격은 다른 사람과의 긴밀한 관계 속에서 또는 공동생활 속에서 비로소 발전한다. 그러므로 만일 사람들이 인간으로서 대우받기를 원한다면 그들은 모름지기 공동생활에 참여할 수 있도록 힘써야 할 것이다.

개성(個性)에 대하여

▨ 김은우(저서 『개성미의 개발』)

매력이라는 것은 어디 가서 쉽게 찾을 수 없는, 그것 하나뿐인 경우에 느낄 수 있는 것이다.

개성이란 인간 자체의 본질을 말한다.

이것을 하이데거는 'Authentic Being'이라고 하여 '본래적인 존재'라고 표현했다. 인간은 아무리 숫자가 많아져도 본래의 독창적인 하나밖에 없는 존재이다.

진실한 인생의 미(美)는 개성의 존중과 끊임없는 자기 개발에 있는 것이지, 역사나 사회의 필연성에 복종하는 그런 것과는 내용을 크게 달리한다. 여자가 남자를 볼 때도 존엄성이 있고 위치가 있고 의젓한 멋과 체통이 서야만 매력을 느낀다.

보잘것없는 인간은 자기 자신, 즉 개성을 볼 줄도, 개발할 줄도, 그 어떤 것도 할 수 없다. 개성을 형성해가지 않는다면 자기를 상실한 인간, 아름다움을 포기한 인간이 될 뿐이다.

개성미의 개발이 자기 본래의 존재로 돌아가는 것임을 고려할 때, 그것은 어렵지도 멀지도 않은 지금 당장의 문제로서 부각된다.

▨ 허발

삶의 참다운 의의는 세상 사람들의 시끄러운 평판 속에 있는 것이 아니라, 자신의 개성과 능력에 맞는 일에 최선을 다하여 종사한다는 내적 만족감 속에 있음을 깨달아야 한다.

▨ 출처 미상

이렇게 기계화의 문명, 집단화의 문명은 확실히 인간의 개성을 말살하는 시대를 낳고 있다. 하기야 인간이 무시되고 자아가 무시되는 곳에서 개성이 있을 수 없겠다. 나를 부르짖기 어렵고, 내 주장을 내세우기 힘든 곳에서 개성이 어찌 빛을 잃지 않겠는가?

좀 더 인간다운 인간, 개인다운 개인을 찾아서, 개인이면서도 사회의 일원이요, 사회의 유능한 참여자이면서도 개성이 뚜렷하고 인간성이 뛰어난 개인을 만들 수는 없는 것인가?

내일은 어떻든 오늘이나 실컷 놀아보자는 무서운 찰나주의, 미래 부재, 비전(vision) 부재의 아나크로니즘(anachronism: 시대착오)적인 생각을 씻어버릴 길은 없는가?

아름답고, 힘차고, 부강하고, 장래가 있고, 또 비전이 있고, 이미지가 뚜렷한 인간으로 사회로 국가로 돌리는 길은 오직 우리 개개인이 자기를 찾고, 개성을 찾고, 주체를 찾는 데서부터 시작되어야 한다.

▨ 아인슈타인(Einstein, A., 1879~1955, 미국의 이론물리학자)

자기가 살고 있는 시대의 결함과 어리석음을 간파하고, 자기는 거기에 물들지 않을 만큼 개성이 뚜렷한 사람은 그리 많지 않습니다. 그리고 이와 같은 고독한 사람들은 인간의 완고한 태도에 부딪혀 활발히 움직일 용기를 잃고 마는 것이 상례입니다. 극히 소수의 사람만이 섬세한 유머와 우아한 아름다움으로 세대를 세뇌하고, 개인을 떠난 예술적인 방법으로 예술에 의해 시대의 거울이 될 수 있습니다.

▨ 야나기 무네요시(柳宗悅, 1889~1961, 동경대 철학과 졸업, 민예연구가)

참된 일치는 동화(同化)로 얻어지는 게 아니라, 개성과 개성의 상호 존경에서만 맺어지는 일치가 있을 뿐이다.

▨ 밀레(Millet, J, F., 1814~1875, 프랑스의 화가)

사람은 저마다 자기의 미(美)를 가져야 한다.

인간은 어떤 지점에서 출발하더라도 숭고한 것에 도달할 수 있다.

▨ 와일드(Wilde, O., 1856~1900, 영국의 시인·작가)

인간을 좋은 사람과 나쁜 사람으로 나누는 것은 아무런 의미가 없다. 사람은 매력이 있는가 없는가의 둘로 나누어질 뿐이다.

▨ 로웰(저서 『동양여행기』)

개성이 없는 민족으로서 발전한 예가 없다.

▨ 출처 미상

자기 개성을 지키는 문제도 마찬가지라고 생각한다. 여기에도 한국 사람의 대표적인 '대조'가 있다. 어떤 한국 사람들은 멋을 인정하고 높이 평가한다.

멋이라는 것은 적어도 자기 개성을 솔직하게 표현하는 것이다. 멋이
있는 모습과 생각과 표현은 우선 자기 속으로부터 우러나오는 통일성
이 있다. 그러나 한국 사회는 참된 멋을 쉽게 허락하지 않는다. 한국
사회의 압력은 너무나 드세다. 조금이라도 다르게 생긴 모습이라면 손
가락질의 과녁이 된다. 그래서 모두 눈치를 보고 산다. 남의 기대가 자
기 삶의 표준이 되고, 남의 눈치가 자기의 심판 기준이 된다.

한국의 교육도 여기서 벗어나지 못하고 사회적인 균일을 위한 수
단으로 되어 버린다. 한국적인 교육을 받은 사람은 이것이 아니면
저것이라는 '가새표와 영표'의 심리를 가지게 된다. 주어진 제한 속
에서만 움직이고 사회의 표준에 적응할 수밖에 없다. 마침내 스스로
창조로운 생각을 못 하게 되기 쉽다.

▨ 이규태(李奎泰, 1933~2006, 한국의 수필가·언론인)
집단 논리에 지배받고 있는 한국인은 개인의 소론(所論)이나 소설
(所說)을 분명히 밝힌다는 것은 대체로 기피한다. 왜냐하면, 그 개인
성을 부각시킨다는 것은 집단과의 '사이'에 상처를 줄 우려가 크기
때문이다.
곧 개인 논리는 '대결'이 생명이요, 발전이요, 가치인 데 비해 집단
논리는 '화(和)'가 생명이요, 발전이며 가치인 것이다.

한국 같은 촌락 단위의 농경 사회에서는 인간의 개성화는 오히려
악덕이었다. 평균 이하인 병신도 악이듯이 평균 이상도 악으로 배척
받는다. 곧 동질, 평균, 보편의 반대 개념인 이질, 특출, 개성의 배척

심리가 지방 차별의 원흉인 것이다.

모든 사람을 '남다름'으로 다룸으로써 그 능력이나 개성 차를 적극적으로 평가하지 않고 식별하려 하지 않는 것은 겉보기에 인간적인 태도처럼 보이지만, 실은 비정적이고 냉혹하며 비인간적인 행위인 것이다.

▨ 출처 미상

사람은 자아를 실현하고 자신의 주인공이 됨으로써 고독하지 않고, 비판적이면서도 회의에 사로잡히지 않고, 전체 인류를 구성하면서도 독립하고 있는 것이다. 자아실현이란 자신이 가지고 있는 잠재력을 지적(知的), 정적(情的)으로 실현하는 것이다.

유일무이(唯一無二)한 자아보다 더 높은 힘은 존재하지 않으며, 인간 개성의 성장과 실현보다 더 큰 존엄성이 있을 수 없다.

▨ 이극찬(李克燦, 1924~2009, 한국의 정치학자)

참된 삶을 위해서 싸워야 할 대상은 대체 어떤 것이었을까? 역사적인 전환기에서 볼 수 있는 새로운 상황의 변화에 따라서 라스키의 투쟁의 목표는 여러 차례 변했지만, 그러나 그가 한결같이 수호해 가려는 것은 언제나 동일한 것이었다. 그것은 대체 무엇이었을까? 그것은 '모든 사람이 자유롭게 자기의 개성과 능력을 신장시켜 자기를 충분히 실현시키는 것'이었다.

지금 여기에

■ 크리슈나무르티(Krishnamurti, J., 1895~1986, 인도의 철학자)

휘황찬란한 이상향이나 가슴을 벅차게 하는 신세계에 대한 설계도를 종이 위에 그려낼 수는 있습니다. 그러나 알 수조차 없는 미래를 위해 현재를 희생시킨다고 해서 결코 우리의 문제가 해결되는 것은 아닙니다. 현재와 미래 사이에는 수많은 요소가 끼어들기 때문에.

우리가 성실하다면 지금 해야만 되며, 또 할 수 있는 일은 지금 당장 붙잡고 결판을 내야 하며, 그것은 훗날로 미루어서는 안 됩니다.

영원은 미래에 속한 것이 아니며, 지금 이 순간이 바로 영원입니다. 우리의 문제는 지금 일어나고 있기 때문에 문제를 해결할 수 있는 때도 바로 지금뿐입니다.

당신과 나는 이런 혼란과 비참을 즉석에서 느낄 수 없는 것일까요? 우리는 그것을 감지해야 합니다. 감지할 수 있는 그때야말로 우리는 진실에 관해 다른 사람들이 똑같은 이해에 도달할 수 있도록 할 수 있습니다. 바꾸어 말하면 당신이 지금 곧 자유롭게 될 수 있느냐 없느냐 하는 것입니다. 이것이 그 비참으로부터 빠져나오는 유일한 방법이기 때문입니다. 이해라는 것은 현재에만 일어날 수 있는 것입니다.

이해라는 것은 지금 이루어지지, 내일 이루어지지 않습니다. '내일'이라는 말은 태만하고 우둔한 것이며, 무슨 일에나 관심이 결여된 정신의 소유자들이 잘하는 것입니다. 무엇엔가 흥미를 느꼈을 때 당신은 그것을 즉석에서 해버리십시오. 그때 즉각적인 이해와 변화가 생기는 것입니다. 당신이 지금 변하지 않으면 장래에는 결코 변하지 않습니다. 왜냐하면, 내일 일어나는 변화라는 것은 단순한 수정에 불과하며 변환(變換)이 아니기 때문입니다.

만일 당신이 '나는 지루하다. 그래서 어떤 다른 일을 하고 싶다.'라고 한다면 당신은 단지 지루함으로부터 도피하려고 하고 있을 뿐인 것입니다. 그리고 우리 활동의 대부분이 도피이기 때문에 사회면에서뿐 아니라 모든 면에서 당신은 훨씬 많은 해독을 끼치게 될 것입니다. 곤란한 문제는 당신이 있는 그대로의 것으로부터 도망하지 않고 어떻게 하면 그것과 함께 머물러 있을 수 있는가 하는 것입니다.

우리는 내면적이나 심리적으로 왜 지루한가에 대한 이유를 발견할 수 있습니다. 즉, 우리는 정서적으로 그리고 정신적으로 피로해 있는 것입니다. 우리는 센세이셔널한 것, 오락, 실험 등 너무 많은 일에 손을 뻗치고 있기 때문에 우리는 지루해하고 지쳐 있는 것입니다.

그 이상 앞으로 나가는 것을 그만두도록 합시다. 한숨 돌리며 가만히 있는 것입니다. 정신이 스스로 힘을 갖도록 기다립시다. 강제로 해서는 안 됩니다. 겨울 사이에 토양이 자연히 부활하는 것과 같이 정신이 조용해지면 그것은 스스로 회생합니다.

▨ 『탈무드』(유대교 랍비의 이야기를 담은 책)

　만일 나 자신을 위하여 존재하는 것이 아니라면 나를 위하여 존재하는 자는 과연 누구일까? 만일 내가 오직 나 스스로만을 위하여 존재한다고 하면 나라는 존재는 대체 무엇일까? 만일 지금 이 순간을 소중히 여기지 않는다면 언제 소중히 여길 때가 있을까?

있는 그대로

▨ 미켈란젤로(Michelangelo, 1475~1564, 이탈리아의 화가·조각가·건축가)

이 세상에서 영웅다운 행동은 단 한 가지밖에 없다. 그것은 이 세계를 있는 그대로 볼 것, 그리고 그것을 사랑할 것, 바로 이것이다.

▨ 쇼(Shaw, G, B., 1856~1950, 영국의 극작가·소설가)

내게 있어서 인생에는 아름다움도 없으며, 로맨스도 없습니다. 인생은 있는 그대로의 것입니다. 그리고 나는 인생을 있는 그대로 받아들일 것입니다.

▨ 이이(李珥, 1536~1584, 조선의 학자·정치가)

나와 남이 둘이 아닌 것이 한몸이다. 빈손으로 왔다가 빈손으로 가는 것이 우리의 살림살이다. 본바탕 천진한 마음을 가지는 것이 첫째가는 정진(精進)이다.

▨ 장자[莊子, BC 365?~290?, 중국 도가(道家)의 대표자]

사변(思辨)의 실마리가 뚝 하고 끊어질 때 거기 홀연 나타나는 것이 실재(實在)의 세계다. 사변이 끊어지고 사변을 넘어설 때 몸과 마음이 통일되고 순수한 직관이 활짝 열려 만물의 근원이 보이고, 실재 세계는 나타난다.

현실은 무상(無常)한 것이다. 무상하게 변화되는 수많은 어려움을 펄펄 끓는 용광로 속에 넣고 '본래 현실은 무상한 것'으로 갈파하고 분해한다면, 가히 '거칠 것이 없는 사람[無碍人]'이라 하겠다.

▨ 『학문의 길, 예술의 길』(현대인 강좌 편찬회, 1962)
물은 장애를 피하여 밑으로 흐르며, 담는 그릇의 모양대로 됨을 꺼리지 않는다. 노자는 이러한 물의 성질에서 가장 이상적인 것의 모델을 보려고 하였다.

▨ 김형효(金炯孝, 1940~2018, 한국의 철학자)
이율배반(二律背反)적 진리에서 사람이 지치고 피곤할 때, 사람은 담연(湛然)한 진리의 소리에 귀를 기울이고 싶어 한다. 그리하여 사람이 생각하지 않고 성공하는, 부드럽고 공정한 어떤 포기의 진리가 어떤 것인가를 어렴풋이 직관하게 된다. 왜냐하면, 역사의 돌쩌귀에서 긴장하고 경련하는 일이 결국 인간을 갉아먹는 행위 이외에 다른 것이 아님을 인간은 자기 건강의 생리학을 통하여 깨닫기 때문이다.

담연한 진리는 잘 예측된 척도로서 어려움을 극복하려는 의지와 노력의 긴장보다는 그 지극한 자연의 순리에 자신을 전적으로 내맡길 때 나타난다. 이율배반적 진리에는 비싼 노력의 대가가 필요하다. 그것이 평상심(平常心)에서는 불필요하다. 그렇게 가장 원형대로 사는 것, 그것이 담연한 진리다. 오직 그것만이 복잡한 번뇌에서 인간을 해방시킬 수 있고 인간에게 참 평화를 줄 수 있는 것으로 보인다.

갈등의 진리가 강한 곳에 그만큼 담연한 진리가 경험의 끝에 나타나게 된다. 이때 강한 마음이 허(虛)한 마음이 되고 싶어진다.

담연한 진리는 있는 그대로의 원초적인 순결성에 대한 거리감 없는 명상이며 필연성의 능동적 마중이다.

담연한 진리는 긴장을 생활화하지 않는다. 칸트는 그의 유명한 '비사교적 사교성'의 진리를 해석하면서 인간은 이기심 때문에 필연적으로 투쟁하게 되고 투쟁은 그 자체가 좋은 것은 아니지만, 그러나 투쟁이 없으면 인간의 모든 가능성은 지하에 매장된다고 말하였다.

이율배반이 있는 세계와 담연한 세계가 하나로 합일된 것도 아니요, 둘로 싸우는 것만도 아니다. 또 두 개가 역사의 종말에 가서 합일되는 것도 아니다. 그 두 가지는 한 인간에게 있어서 매 순간 합일되기도 하고 또 불합치되기도 한다.

역사 안에서 철학자의 책임은 무겁다. 그래서 철학자는 책임을 생각하는 진리 이외 그냥 여여(如如)하게 절대적으로 바라보는 진리를 어쩔 수 없이 또한 찾게 된다.

▨ 크리슈나무르티(Krishnamurti, J., 1895~1986, 인도의 철학자)
마음이 아무것이나 받아들일 수 있는 상태에 있을 때는 사물을 쉽게 이해할 수 있습니다. 당신의 주의력이 진정 어딘가에 향하고 있을 때 비로소 당신은 듣고 있는 것입니다. 그러나 유감스럽게도 대체로 우리는 저항이라는 스크린을 통해서 듣고 있습니다.

지금까지 받아온 교육이나 편견, 성벽(性癖)이나 저항 같은 것을 버리고 언어상의 표현을 초월해서 말 속에 깊이 담겨 있는 것을 즉각 이해할 수 있도록 듣는 것은 대단히 어려운 일입니다.

이해(理解)는 있는 그대로를 아는 것부터 생기는 것입니다. '있는 그대로의 것', 즉 실체라든가 현실이라고 하는 것을 해석한다든가, 비난한다든가, 정당화한다든가 하지 말로 정확히 아는 것, 이것이 바로 지혜의 첫걸음입니다. 우리가 자신이 처해있는 생활환경이나 편견에 따라 사물을 해석한다든가 설명하려고 할 때 우리는 이미 진리를 놓쳐 버리는 것입니다.

'만일 있는 그대로를 안다.'라는 원점에서 출발한다면 반드시 이해할 수 있을 것입니다. 있는 그대로를 인식하고, 자각하고, 이해함으로써 마음의 전쟁, 즉 마음의 갈등은 끝나버릴 것입니다.

예를 들어 '나는 거짓말쟁이다.'라는 것을 알고 그 사실을 인정해 버리면 그것으로 갈등은 끝납니다. 있는 그대로의 자신을 인식하고 자각하는 것이 바로 지혜와 이해의 시작이며, 그럼으로써 '시간'으로 부터도 해방되게 되는 것입니다.

자기 자신이 어떤 일정한 조건과 상황에 놓여 있다는 것을 안다는 것은 이미 자기 해방의 과정에 있다는 것입니다. 이에 반해서 자기가 놓여 있는 조건이나 내적 갈등을 자각하지 못하는 사람은 자기 자신과는 다른 사람이 되려고 함으로써 그 결과 그것이 습관화되어 버립니다.

있는 그대로를 인식하고 추구해 가려면 극히 예민한 정신과 유연한 마음이 필요합니다. 왜냐하면, 있는 그대로의 것은 끊임없이 활동하고 계속해서 변화하고 있기 때문입니다. 만약 정신이 신념이나 지식 같은 것에 속박되거나 한다면 그 정신은 추구하는 것을 중단하고 있는 그대로의 것의 재빠른 움직임을 따라잡지 못하고 맙니다.

당신은 혼란이라든가 또는 정확히 있는 그대로의 것을 의식하게 되면 즉시 그것으로부터 도피하려고 합니다.

방식이 중요해진다는 것은 그 철학이나 관념이 중요해진다는 것이므로 그런 경우 인간은 무시됩니다. 그런 사상이나 이데올로기 때문에 우리는 나아가서 인류를 희생시키려 하고 있습니다.

'참된 실재'는 실은 당신의 신변 가까이에 있는 것입니다. 멀리서 그것을 구할 필요가 없습니다. '진리'를 구하는 사람은 결코 그것을 발견할 수가 없습니다. '진리'는 있는 그대로의 것 속에 있는 것입니다. 그런 '진리'야 말로 아름다운 것입니다.

그와는 반대로 당신이 진리를 머릿속에서 그려 본다든가, 그것을 구하려고 하게 되면 그 순간부터 싸움이 시작됩니다. 싸우는 사람은 이해하지 못하는 것입니다. 따라서 우리는 조용히 주의 깊게 수동적으로 관찰하고 있어야 합니다.

중요한 것은 선택하지 않고 응시하는 일입니다. 그 이유는 선택하게 되면 알력을 가져오기 때문입니다. 선택하는 사람은 혼란되어 있는 것입니다. 혼란되어 있기 때문에 선택을 하는 것입니다. 명석하고 소박한 사람은 선택하지 않습니다. 그저 있는 그대로의 것이 그곳에 있을 뿐입니다. 관념을 바탕으로 한 행위는 필연적으로 선택에 의한 행위가 됩니다.

있는 그대로의 것을 이해하는 데는 노력이 필요 없습니다. 노력한다는 것은 주의력의 산만을 의미합니다.

과거나 미래의 일을 생각하도록 교육을 받고 여러 가지 방향으로 도피하도록 훈련을 받아온 정신은 있는 그대로의 것을 이해하지 못합니다. 그것을 이해하지 못하면 당신은 진실한 것을 발견할 수 없습니다. 또한 그런 이해가 없이는 인생에 아무런 의미도 없으며, 인생은 끊임없는 투쟁이 되는 것입니다. 그리하여 고통과 고뇌가 결코 끝나지 않습니다. 진실한 것은 있는 그대로의 것을 이해함으로써 비로소 이해됩니다.

▨ 출처 미상
참된 행복은 타고난 그대로, 있는 그대로 삶의 나날을 이어가는 데 있는 것입니다. 가식, 과장, 무리, 이런 것들이 행복에 최대의 적이 되는 사실은 의심할 여지가 없지 않습니까?

▨ 스피노자(Spinoza, A., 1632~1677, 네덜란드의 철학자)
비웃지 말고, 통탄하지 말고, 또 혐오하지 말고, 이해해야 하는 것이 가장 중요하다.

▨ 슈바이처(Schweitzer, A., 1875~1965, 프랑스의 사상가·의사)
진리와 정신의 힘을 신뢰하기 때문에 나는 인류의 장래를 믿는다. 음울한 현실을 그 모습대로 바라보는 것을 조금도 두려워하지 않는다.

　진정으로 생산적인 사람은 모든 사물을 있는 그대로 받아들일 수 있고, 또 그를 존경할 수도 있다. 또한 생산적인 태도란 사랑을 포함한다. 그것은 고독한 인간이 그와 이 세상에서 하나가 되기 위하여 가지지 않을 수 없는 것이다.

　생산적 정향의 성격이란 프롬이 이상적으로 그리는 인간형으로, 이는 소외 극복과도 밀접한 연관이 있다. 생산적 성격이란, 프롬에 의하면 자신의 힘으로 자신의 가능성을 실현하는 사람을 가리킨다. 그는 자유롭게 이성의 인도를 받는 자이며 불합리한 열정에 굴복하지 않는다.

　그는 사물의 표면적인 현상에만 눈을 돌리는, 사실주의(Realism)나 현실을 있는 그대로 볼 수 없게 하는 광기와는 달리 있는 그대로의 세계를 보면서 자신의 힘으로 세계와 타인과 자기에게 힘을 불어넣으며 세계와의 관계를 맺어가는 생산적인 성격을 지니고 있다. 그 생산성에 의해 본질적인 예술 작품이나 사상 체계 등을 만들어 낼 수 있으며, 그에게 있어 가장 중요한 대상은 인간 바로 그 자체이다. 아리스토텔레스가 말한 '선한 사람', 즉 이성이 이끄는 활동에 따라 인간에게 갖추어진 특수한 가능성을 실현하는 사람이 바로 프롬이 말하는 '생산적인 정향'의 인간의 고전적인 예라 할 수 있을 것이다.

▨ 이훈구(李勳求, 1940~, 한국의 심리학자)

　자아실현을 한 사람, 즉 심리적으로 성공한 사람을 처음으로 연구한 매슬로(Maslow)라는 심리학자는 자기 연구 대상자들이 사랑할 때에는 자기방어를 떨쳐버리고 두려움이나 가장을 하지 않고 순수한 자기 자신을 드러냄을 발견했다. 이렇게 하는 것은 아마도 그들로 하여금 개인적인 성장을 하게 하고, 개인적인 성장을 육성하게 했을 것이다.

▨ 스즈키 타이세스(鈴木大拙, 1870~1966, 일본의 사학자)

선(禪)의 방법은 대상 그 자체로 바로 들어가서 그 내부에서 있는 그대로의 사물을 보는 것이다. 어떤 꽃을 안다는 것은 그 꽃이 되어 그 꽃으로 있는 것이다. 이렇게 되면 꽃은 나에게 대화를 해오며, 나는 꽃의 일체의 신비와 기쁨, 괴로움 등을 알게 된다.

이 자연의 신비야말로 나의 전 생애를 걸고 이것을 추구했음에도 불구하고 붙들지 못한 것이다. 왜냐하면, 나 자신이 추구하는 나와 추구되는 나, 즉 사물과 그림자의 둘로 나 자신을 분리했기 때문이다. 나 자신을 찾는 데 결코 성공할 수 없다는 것은 이상한 일이 아니다. 이것은 얼마나 끝없는 놀이인가!

그러나 그 꽃을 알게 됨으로써 나 자신을 알게 된다. 즉, 그것은 꽃 속에서 나 자신을 잃어버림으로써 꽃뿐만 아니라 나 자신도 알게 된다.

> 모든 것은 자연의 미에 맡겨 있고
> 자연의 피부는 손대지 않은 채로
> 자연의 골격은 있는 그대로 있다.
> 자연엔 어떤 색조의 칠도 분도 필요 없다.
> 자연은 그 자신 이상도 이하도 아닌 있는 그대로 있다.
> 얼마나 신비로운가!

여기에는 살아있는 생명 그 자체가 있고, 그것은 일체의 지적 모순을 해소하였기 때문이다. 그것은 있는 그대로의 세계 그 자체이다. 이것을 어떤 철학자에게 말하게 한다면 피할 수 없는 냉엄한 사실, 일체를 포함한 이 세계 속의 그 자체라고 말한다.

■ 프롬, 스즈키 타이세스, 마르리노(저서 『선과 정신분석』)
 평안한 상태란 인간의 본성과 일치하고 있는 상태다.
 평안한 상태란 이성의 충분한 발달에 도달되는 상태라고 할 수 있다. 즉, 이성은 단순한 지적 판단의 의미에 있어서가 아니라 하이데거의 말을 빌리면 "사물을 있는 그대로 내버려 둠으로써 있는 그대로의 진리를 파악한다."라는 의미에 있어서의 이성이다.
 평안한 상태란 인간이 자기애를 극복한 차원에 이르러서만 가능하다. 즉, 인간이 열려(선의 의미에 있어서) 반응적으로 되고, 감수적으로 되고, 각성되고, 공(空)으로 되는 단계에서만 가능하다.
 평안한 상태라고 하는 것은 인간과 자연이 정의적(情意的)으로 충분하게 연결 지어져, 분리와 소외를 극복하고, 존재하는 모든 것과 하나가 되는 경험에 도달하는 것을 의미한다.
 평안한 상태란 충분히 탄생하는 것, 인간이 가능적으로 존재하게 되는 것을 의미한다. 달리 표현하면 일반인이 살고 있는 반수면(半睡眠)의 상태로부터 깨어나 완전히 깨닫는 것을 의미한다. 이 세계가 '저 너머'에 있는 낯선 세계로 있는 것을 그만두고 나의 세계가 되는 것이다.
 평안한 상태는 자기의 개아(個我)를 버려, 탐하는 것을 중지하고 개아를 보존하고 확대하려는 끊임없는 추구를 그만두어 단지 자기를 보존하고 탐욕하고 이를 이용하려는 행위에서가 아니라, 있는 그대로의 존재의 활동 속에서 자기 자신을 경험하는 것을 의미한다.

프로이트는 억압이 어떻게 인간의 현실감을 방해하는가를 명확히 보았으며, 또한 억압 제거가 어떻게 실재에 대한 새로운 인식을 가져다주는가 하는 것을 명백하게 알고 있었다. 인간은 자기 자신의 무의식적 의욕을 다른 사람에게 투영하는 것이다.

그러므로 자기 내부에 있는 그것들은 자각되지 못한 채 다른 사람에게서 그 투영체를 의식하고는 분개한다. 환자는 자기의 무의식과 접촉할 때에만 자신이 만들어낸 왜곡을 극복할 수 있다.

인간이 의식하고 있는 것의 대부분은 허구적인(fiction) 반면, 인간이 억압하고 있는 것(즉, 그것은 무의식이다)은 실재의 것이다.

보통 사람은 자기가 깨어 있다고 생각하고 있지만, 실제로는 반수면(半睡眠)하고 있는 것이다. '반수면'이란 말은 그의 현실에 대한 접촉은 매우 작은 일부분이며, 그가 현실(자신의 외부나 내부에 있어서)이라고 믿는 것의 대부분은 그의 마음이 만들어낸 허구의 조립인 것이다.

두뇌 작용(관념화하는)의 인간은 소외적인 인간이며, 플라톤의 비유에 있어서와 같이 그림자만을 보고 그것을 직접적인 실재로 착각하는 동굴 속의 사람과 같은 것이다.

내가 어떤 것을 말로 표현하자마자 하나의 소외 현상이 일어나고, 온전한 경험은 이미 언어로 대치되어 있다. 온전한 경험은 실제로는 그것이 말로 표현되는 그 순간까지만 존재하는 데 불과하다.

사람이 그의 무의식에 접촉하지 못한다고 하는 것은 그가 자기 속에 있는 보다 넓고, 보다 깊은 현실을 경험하지 못하는 것이다. 사람이 무의식을 발견한다고 하는 것은 정확하게 말하면 지성적인 행위가 아니라 말로 표현할 수 없는 정서적 경험인 것이다.

그것은 전인이 경험한다는 의미에 있어서 전체적이며 그 자발성과 돌연성에 의하여 특징지어지는 경험이다. 우리의 눈이 돌연히 열리는 것이다. 자기 자신과 세계가 새로운 광명 속에 나타나 새로운 시점에서 보게 되고, 새로운 힘과 확실성의 감정이 나타난다. 무의식을 발견하는 과정은 깊이 느끼는 한편, 이론적이고 지성적인 지식을 초월하는, 일련의 확대되어 가는 체험이라고 묘사될 수 있다.

그는 억압을 감소시키고, 보다 자유로워지며, 투사나 관념화 작용의 필요성이 줄어들게 된다. 그는 다른 사람들과 하나가 된 것을 느낄 것이며, 이러한 체험은 지적(知的)인 내용을 가지지 않는 체험으로 돌연히 부지(不知)중에 일어나는 경험이다. 그러나 그런 뒤에 이 사람은 이전보다 더욱 강해지고, 보다 평안한 것을 느끼게 될 것이다.

잠재적인 정신 이상을 치료하는 길은 오직 분리와 소외로부터 이 세계에 대한 창조적이며 직접적인 파악과 반응의 태도로의 전환에 있어서만 성취된다.

▨ 출처 미상

가장 좋은 상태는 사람이 자기의 나르시시즘(Narcissism: 자기도취)을 극복하는 한에서만 가능하며, 또 확 트여서 충분히 감응적이며 감수적이고, 그러면서도 의식적이며 무아(無我) 상태에 있을 때 가능하다.

가장 좋은 상태란 타인이나 자연에 자기 자신이 충분히 애정적으로 결합하여 있음을 뜻하며, 격리와 소외를 극복하고 실존하는 것과 일체감을 느끼게 되는 것이며 그러면서도 자기 자신을 분리된 주체, 즉 한 개체로서 의식하는 것을 의미한다. 또 가장 좋은 상태란 기뻐할 수 있고 슬퍼할 수 있는 충분한 역량을 지니는 것이며, 그 정도와 종류를 사태에 맞추어 분명히 하는 것이고, 보통 사람들이 가지는 반수(半睡) 상태에서 깨어나 충분히 각성하고 살아가는 것을 의미한다.

삶과 죽음에 대하여

▨ 플라톤(Platon, BC 427~347, 그리스의 철학자)

　진실로 철학적인 생활을 완성한 사람은 마침내 죽음이 오려고 할 때, 기쁨으로 이를 맞이할 것이다.

▨ 데모크리토스(Demokritos, BC 460?~370?, 그리스의 철학자)

　죽음에서 도망치려는 사람들은 오히려 죽음을 쫓아다니고 있는 것이다.

▨ 출처 미상

　죽음의 고찰에 자신을 스스로 바치는 철학은 가짜 철학이다. 진짜 철학은 생활의 지혜이며, 철학에는 죽음이 없다.

▨ 나폴레옹(Napoleon, B., 1769~1821, 프랑스의 황제)

　한 걸음 한 걸음 기어 올라가는 것은 모험가가 아니고, 행복을 추구하는 사나이가 하는 일이다. 인생은 취함에 족하지 않는 꿈이다. 언젠가는 사라져 버리고 마는 것이다.

■ 최재희(崔載喜, 1914~1984, 한국의 철학자)

사람이 고고(呱呱)의 소리를 낸 이후로 죽지 않고 살려고 하는 것은 인간의 본능이다. 산다고 하는 것이 아무리 괴롭다 하더라도, 살려고 하는 본능을 대다수의 인간은 피할 수가 없는 것이다. 생의 심각한 고뇌 까닭에 삶이 아니라 도리어 죽음을 택하는 사람도 적지 않게 있다. 그러나 이것은 살려고 하는 인간의 본래적인 충동에서 보면 본궤도에서 벗어나는 이단(異端)일 것이다. '살려고 하는 맹목적 의지'가 역시 인간 본연의 자세일 것이다.

■ 김태길(金泰吉, 1920~2009, 한국의 철학자·교육자)

'어떻게 살 것이냐?'라는 물음은 현재 우리가 살고 있다는 사실에 의하여 제기된 것이다. 다시 말하면 현재 우리가 살고 있으며, 앞으로 살아간다는 것을 전제로 삼고 제기된 문제이다. 따라서 '살아야 할 것이냐 말아야 할 것이냐?'라는 햄릿식 물음은 우리의 근본 문제 밖으로 제외된다. 우리는 지금 '삼신할머니'의 문턱에 서서 '인생'이라는 세계로 나갈까 말까 망설이는 것이 아니다. 인생의 항로는 이미 시작되어 있으며, 나머지 항로를 어디로 향해서 어떻게 보낼 것인가가 우리들의 현실적인 문제이다.

만약 단순한 생명의 유지 또는 생존의 계속을 목적으로 삼는다면 그 계획은 반드시 실패할 것이다. 우리의 종착점은 이미 '죽음'으로 지정되어 있기 때문이다. 우리에게 생명의 유지는 지극히 중요하다. 그러나 그것이 중요한 이유는 가치의 창조를 위하여 시간이 필요하기 때문이다.

■ 『우리의 조상』(문예진흥문고, 계몽사)

인간다운 생활이라는 것은 진리를 찾고자 하고, 착한 일을 하고자 하고, 아름다움을 느끼고자 하는 진(眞), 선(善), 미(美)의 생활이다.

오늘날 가장 이상적인 인간은 진, 선, 미를 갖춘 인간이라고 생각하고 있다.

■ 몸(Maugham, W.S., 1874~1965, 영국의 작가)

인생이란 차표를 사서 궤도 위를 달리는 차를 타는 사람에겐 알지 못하는 것이다.

■ 라 로슈푸코(La Rochefoucauld, 1613~1680, 프랑스의 작가)

인생에는 간혹가다 좀 미치기라도 하지 않으면 뚫고 나갈 수 없는 그런 재난도 일어나는 법이다.

■ 루소(Rousseau, J., J., 1712~1778, 프랑스의 사상가)

생활이 어려워서 고통을 겪더라도 너무 손쉬운 길을 택하지 말라. 황제도 무엇이든지 자기 마음대로만 된다면 살 재미가 없을 것이다.

■ 키츠(Keats, J., 1795~1821, 영국의 시인)

가난은 어떤 인간이라도 원기를 더해 주는 것입니다.

나는 사색(思索)에 살기보다는 직각(直覺)에 살고 싶습니다.

■ 한완상(韓完相, 1936~, 한국의 정치인·복지단체인)

사람은 경제적으로 넉넉해지면 탐욕으로부터 해방되는 것이 아니라 오히려 더욱 탐욕적이 된다. 권력은 부패하며 절대 권력은 절대로 부패한다는 말과 같이 부는 썩고 거부는 크게 썩기 마련이다. 이렇게 볼 때 사람이 잘 산다는 것은 반드시 물질적으로 풍요하게 산다는 것을 뜻하지는 않는다.

■ 『명심보감』(明心寶鑑, 고려 시대 추적이 엮은 교양서)
비록 환경이 어둡고 괴롭더라도 항상 마음의 눈을 넓게 뜨고 있으라.

■ 오이켄(Eucken, R., 1846~1926, 독일의 철학자)
우리에게는 물론 여러 가지 위태로운 문제가 산재되어 있다. 그러나 거기에 굴복당하는 것은 미온적이며, 약자의 태도다.

■ 헤세(Hesse, H., 1877~1962, 독일의 시인·소설가)
운명은 그것이 감미로운 때도, 괴로운 때도, 그것을 나의 좋은 양식으로 받아들이리.

■ 김은우(저서 『새 사상과 교육』)
자기를 정말 정확하게 볼 수 있고 알 수 있는 눈은, 자기는 언젠가는 죽지 않으면 안 되는 인간이라는 것을 정신적으로 실감 있게 깨닫게 될 때, 뜨는 것이라고 생각된다. 자기에게 마지막이 있고 끝날 날이 있다는 것을 똑바르게 깨닫게 될 때, 비로소 자기에게 주어진 제한된 일정한 삶이 얼마나 귀중하다는 것도 깨닫게 되고 이 삶을 보람 있고 값있게 써야겠다는 생각이 나게 되는 법이다.

인생은 깊고 강해지기 위해, 슬픔과 접촉하고 또 슬픔이 섞여야 한다. 그것은 마치 햇빛이 그늘에 의해 부드러워질 때 가장 달콤하고, 음악이 선율적이 되려면 그 안에 단조음(短調音)을 가져야 하는 것과 마찬가지다.

■ 김재은(金在恩, 1931~, 한국의 심리학자·교육자)

사람이 살아있다고 하는 것은 움직인다고 하는 것과 같은 말일 것입니다. 죽은 생명은 움직임이 없습니다. 움직여야 자기 뜻을 펼 수가 있습니다. 사람이 왜 사느냐고 묻는다면 곧 자기 뜻을 펴려고 산다고 대답하는 것이 옳을 것입니다. 뜻을 가장 효과적으로 펼 수 있는 사람만이 삶의 보람을 느낄 수가 있습니다.

■ 홍문화(洪文和, 1916~2007, 한국의 약학자)

잘못을 피하는 안전한 길은 아무것도 하지 않든가, 새로운 일을 피하는 것이다. 그러나 그것은 모든 잘못 중에서도 가장 큰 잘못인 것이다.

나이를 먹는다는 것이 세상 사물에 대한 신선한 흥미의 상실 과정이라면 괴로운 일이고, 탐욕스럽고, 권태롭고, 독선적인 잔소리만 늘어나고, 음험해지는 것이 점잖은 표정이라면 늙는다는 것은 슬픈 일이라고 아니 할 수 없다. 주책이 없어도 좋으니 강아지나 병아리처럼 복슬복슬하고 쉴 새 없이 신기로워하면서 살기를 나는 원한다.

■ 힐티(Hilty, C., 1833~1909, 스위스의 철학자·법학자)

우리가 살아있는 한, 분명히 우리의 넋 속에서 빛이나 기쁨에 넘친 상태와 암흑이나 자기 파괴의 형태가 서로 뒤섞여 나타나는 것, 그리고 그 한쪽의 상태만이 너무 오랫동안 지배하고 있을 때, 우리의 내적 생활은 건전하게 성장하지 않고, 착각에 사로잡히기 쉬운 것, 이것만은 틀림없는 사실이다.

바른 항로로 들어간다는 것은 그것만으로도 이미 커다란 일이다. 칼라일은 자기의 모든 처세훈을 다음, 오직 한마디로 간추렸거니와 그것은 분명히 옳은 말이다.

"자기의 일을 알고 그것을 하라."

▨ 출처 미상

사람은 초목과 같다. 과일의 우수함과 향긋함은 나무가 자라나는 독특한 토양과 기후에의 노출에서 비롯된다. 우리는 우리가 숨 쉬는 공기, 우리가 사는 풍토, 우리가 따르는 정부, 우리가 표명하는 신앙 체계 및 우리가 하는 일의 특성에서 끌어내는 것을 빼놓으면 아무것도 아니다.

▨ 아인슈타인(Einstein, A., 1879~1955, 미국의 이론물리학자)

인생의 의의는 무엇일까, 아니 그것보다는 모든 생존체가 가진 삶의 의의는 무엇일까? 이 질문에 대한 답을 안다는 것은 종교적임을 뜻한다. 그렇다면 이런 질문을 하는 데는 무슨 의미가 있는가 하고 물을지도 모른다. 나의 대답은 이렇다. 즉 자기 자신의 생명과 동포들의 생명을 무의미하다고 여기는 사람은 비단 불행할 뿐만 아니라 세상을 살아가는 데 적합하지 못하다고.

▨ 히포크라테스(Hippokrates, BC 460~375, 그리스의 의학자·철학자)

인생은 짧고 예술은 길다. 기회는 쉽게 사라지고 시도는 좌절되기 쉬우며 판정은 어렵다.

■ 롤랑(Rolland, R., 1866~1944, 프랑스의 소설가)

대다수의 사람은 20세나 30세에서 죽은 거나 마찬가지다. 그 연령을 지나면 벌써 그들은 그들 자신의 반영(反影)에 지나지 않는다. 그들의 여생은 그들 자신을 원숭이와 같이 잔재주를 부리는 것으로 보내 버리고, 그들이 존재하고 있던 때에 말하거나, 하거나, 생각하거나, 사랑하거나 했던 일들을 날이 갈수록 더 기계적으로 더 삐뚤어진 모양으로 반복하는 것으로 지내버린다.

살 것! 지나치게 살았다고 할 정도로 살 것! 이 힘의 도취, 이 사는 기쁨을— 불행의 구렁텅이에 빠져 있을 때조차도 — 자기 마음속에서 전혀 느낌이 없는 사람은 예술가가 아니다. 이것은 시금석이다. 진실로 위대함은 기쁨 속에서도 고난 속에서도 즐거워하는 힘이 있다는 것으로 분간할 수 있다.

■ 아미엘(Amiel, H., 1821~1881, 스위스의 철학자)

산다고 하는 것은 점점 체념해가서 우리들의 주장이나 희망이나 힘이나 자유를 끊임없이 좁혀 나가는 수업인 것이다. 거리는 점점 좁혀져 간다. 사람은 모든 것을 배우고, 모든 것을 보고, 모든 것에 도달하고, 모든 것을 손에 넣으려고 생각하지만, 모든 방향에 있어서 그 한계에 부딪히는 것이다.

사람은 체념한다. 그리고 신앙의 사랑 속에서 참된 위대함을 찾는 것이다.

도처에서 협박, 증오, 잔인이 노리고 있다. 그러나 지평선의 저쪽 적의 종족이 방황하는 불모의 모래땅의 저 멀리에, 나그네는 꿈속까지 따라오는 몇 사람의 친한 얼굴이나 눈이나 마음이 있다는 것을 생각하고 미소를 짓는다. 파멸은 우리의 운명이며 망각은 우리의 정해진 운명인 것이다.

▨ 프롬, 스즈키, 마르리노(저서 『선과 정신분석』)

살아야 한다는 것과 죽음을 면할 수 없다고 하는 이중의 불안 속에서 전면적인 공포에 사로잡혀 자아는 아무래도 침착해 질 수 없는 가장 심각하고 참을 수 없는 번민, 말하자면 사느냐 죽느냐 하는 고뇌를 경험하는 것이다.

자기 성취를 위한 투쟁과 그것을 이겨낼 것인가 하는 데 대한 자아의 불확실성은 오로지 자아가 서 있는 고난의 가장 깊은 표현이라 할 것이다.

▨ 스즈키 타이세스(鈴木大拙, 1870~1966, 일본의 사학자)

우리가 모두 과학자가 될 수는 없다. 그러나 자연의 혜택에 의해서 누구나 예술가는 될 수 있다. 인간의 예술가로서 '인생의 예술가'란 표현은 매우 새롭고 매우 신기하게 들릴지는 모르나, 사실상 우리는 모두 인생의 예술가로서 태어났다.

현대사회(現代社會)에 대하여

▨ 프롬(Fromm, E., 1900~1980, 미국의 사회사상가·심리학자)

필경 그러한 현대 문명은 대중인을 만들어낼 수밖에 없다. 그런 사람은 선택이 불가능하고, 자발적이고 자기 지향적 행동이 불가능하며, 고작해야 참을성 있고 유순하며 거의 애처로울 정도로 단조로운 노동에 훈련되어 있으며 선택의 여지가 더욱더 줄어듦에 따라 점점 무책임한 인간이 되어 버린다. 그래서 결국에는 조건 반사에 지배되는 생물, 다시 말하면 광고 회사나 현대 기업의 판매 조직이나 전체주의 또는 이에 유사한 체제를 지향하는 국가의 선전조직 담당 관청이 바라면서도 그 뜻이 이루어진 적이 없는 이상적인 인간형이 된다. 이 인간형에 대한 최대의 칭찬은 "말썽을 부리지 않아서 좋아."라는 말로 표현되며, 이 인간형의 최고의 덕은 "참 고분고분하단 말이야."라는 말로 표현된다.

궁극적으로 그러한 사회는 두 종류의 인간을 배출한다. 즉, 조건을 설정하는 자와 조건을 받아들이는, 다시 말하면 적극적인 야만인과 소극적인 야만인이다.

많은 수의 노동자들이 권태감, 공허감, 좌절감 때문에 집단 자살을 범하고 있다고 생각한다는 것은 환상에 지나지 않는다. 그러나 자살의 개념을 육신의 생명을 끊는 행위라는 것 이상으로 확대시킨다면 그것은 부인할 수 없는 사실임을 알게 된다.

'자신의 생활에서 사고와 야심과 자존심과 개인적 업적을 스스로 포기해 버린 인간은 인간 생활을 특징짓는 기본적인 속성을 잃어버린 죽은 인간이나 다름없다.'

비인격적인 기구 속에서 똑같은 세분된 일을 되풀이하게 되면 일종의 '기술의 니힐리즘(nihilism: 허무주의)'이라고도 할 정신 경향이 생기기 쉽다. 이러한 정신 경향이 생기게 되면 전문 기술과 그것이 봉사해야 할 목적과의 관련성이 더한층 안계(眼界)로부터 사라지게 됨으로써, 일의 본래의 의미가 아니라 그 '능률성'에만 관심이 집중되게 된다. 그뿐만 아니라 똑같은 일의 기계적인 되풀이는 심한 피로감을 자아내게 된다. 심한 피로감은 직장 밖의 사생활에서의 평안한 휴식을 강렬하게 요구하게 된다. 이처럼 휴식을 취하려는 욕구는, 그들의 정신적 태도를 더한층 수동적, 소비자적으로 만들게 할 것이다.

즉, 근대인은 개인에게 안정감을 부여해 주는 동시에 또한 그를 제약하고 있던 전 근대적 사회와 여러 가지 구속으로부터는 해방되었지만, 그의 개인적 자아의 실현, 즉 개인의 지적, 정서적 및 감각적인 제 능력의 표현이라는 적극적인 의미에서의 자유는 아직 획득하지 못했다는 점이다. 자유는 근대인에게 독립과 합리성을 부여해 주기는 했지만, 이는 또한 근대인을 고독게 함으로써 마침내 그를 근심에 싸인 무력한 존재로 만들었다. 이와 같은 고독은 도저히 참을 수 없는 것이기에 근대인은 자유라는 무거운 짐으로부터 도피하여 새로운 의존과 복종을 추구해 가느냐 그렇지 않으면 인간의 독자성과 개성에 기인한 적극적인 자유의 충분한 실현을 위하여 전진해 가느냐 하는 양자택일(兩者擇一)의 경지에 직면하게 된다.

▨ 이규호(李奎浩, 1926~2002, 한국의 법조인·교육자·정치가)

이러한 기술적인 산업 사회는 발전된 과학과 기술, 그리고 모든 문명의 이기들을 동원해서 인간 조정과 인간 지배의 목적에 이바지하게 되고, 과학과 기술의 발전이 인간을 모두 구속과 고통으로부터 해방시키고 사회를 인간화시키는 대신에 반대로 인간을 조종하고, 인간을 구속하고, 인간을 보이지 않는 쇠사슬에 굳게 얽매어두는 데 이바지한다.

그런데 우리를 위해서 더욱 중대하다고 느껴지는 것은 이러한 인간 조종과 인간 지배를 정당화하고 이른바 효율화, 합리화, 기계화, 집단화를 촉진시키고 현존하는 지배체제를 항구화하기 위해서 인간을 미숙한 상태로 억누르려고 한다는 것이다.

왜냐하면, 성숙한 이성을 실현한 인간은 그렇게 쉽게 조종되고 지배될 수 없으므로 이른바 효율화, 합리화, 기계화, 집단화의 촉진을 저해하는 요소가 되기 때문이다.

이와 같이 기술적으로 조종당하는 로봇 인간은 자기 발로 걸어 다니는 것이 아니고 조직화된 대중이 움직이는 대로 걸어가고, 자기의 입으로 말을 하는 것이 아니고, 합리적으로 효율화된 체제의 말을 한다.

자기의 생각으로 스스로 판단하는 것이 아니라 합리적으로 효율화된 체제에 의해서 주어진 궤도를 따라서 생각하고, 예정된 판단을 내린다. 스스로 생각하는 번거로움을 포기한 로봇, 꿰뚫어 볼 수 없는 복잡한 구조의 현대적인 삶의 상황 안에서 스스로 판단하는 어려움 앞에 항복한 로봇, 이것이 기술 사회의 사람됨의 모습이다.

이것이 기술 사회가 그의 형상대로 창조한 인간의 모습이다. 기술 사회가 창조한 로봇들, 곧 거의 완전하게 기술적으로 조종당하는 인간들 사이에 남아있는 저항아들은 참으로 예외적인 존재들이다.

▨ 출처 미상

99%의 현대인이 뚜렷한 목표도 없이 살고 있다는 것은 현대 문명사회의 최대의 비극이다. '목표를 설정하지 않아도 인간은 살아갈 수가 있고 목표를 잘못 설정하면 안 된다는 두려움' 때문에 오늘과 같은 내일, 내일과 같은 모레를 아무런 목표 없이 살아나가는 것이다.

▨ 장병림(張秉林, 1919~2012, 한국의 심리학자)

'노이로제' 현상은 현대인 누구나가 지닐 수 있는 요소라고 규정짓기에 앞서, 의지를 키우고 쓸데없는 망상에 사로잡히지 않으려는 노력이 필요하다. 노이로제는 개인의 의지가 박약하기 때문에 초래되는 것이라면 스피디한 생활의 요구는 현대인을 기계의 노예로 재촉하고 있다.

현대인이 탈출할 수 있고 구제받을 수 있는 곳은 바로 자기 자신의 품이라는 것을 알아야 한다.

■ 괴테(Goethe, 1749~1832, 독일의 시인·정치가·과학자)

누구나 단지 개인으로서 그의 직무를 다하고 그가 가장 손쉬운 직업의 범위 안에서만 씩씩하고 건실하다고 하면 전체의 복리는 훌륭하게 이루어져 갈 것이다. 나는 자기 자신을 더욱 철저하게 하는 일, 그리고 선화(善化)하여 가는 일, 나 자신의 개성을 높이고 항상 자기가 선이라고 믿고 진(眞)이라고 인정한 것만을 펴 오는 데 끊임없이 노력해 왔다. 수많은 민중의 소망을 목적으로 하여 이것을 만족시키려고 노력했던 것이라면 나는 그들을 위하여 우스꽝스러운 이야기를 하거나 죽은 코체부와 같이 민중 속에 파고들어야 했을 것이다.

■ 크리슈나무르티(Krishnamurti, J., 1895~1986, 인도의 철학자)

사회란 그 자체로서 독립하여 존재하는 것이 아닙니다. 사회는 '당신'과 '나'의 관계가 만들어낸 것입니다. 요컨대 사회는 우리 자신의 내부의 심적 상태를 외부에 투영한 것, 바로 그것입니다.

'나'와 '타인'과의 관계가 사회를 만들고 있는 이상, 근본적으로 '나 자신'을 바꾸지 않으면 사회의 본질적 기능의 변화도 있을 수 없다는 것입니다. 우리가 사회의 변화를 가져오기 위해 어떤 방식에 의존한다는 것은 문제 자체를 회피하고 있는데 불과합니다. 왜냐하면, 방식이 인간을 바꿀 수 없기 때문입니다.

자기 자신을 안다는 것은 행동하고 있는 자기, 즉 자기와 타인과의 관계를 안다는 것입니다. 그것이 어려운 까닭은 우리가 너무나 성급하고 인내심이 부족하기 때문입니다. 우리는 진보를 바라며 목적에 도달하기를 원하는 나머지, 배우고 관찰할 시간적 여유를 갖지 못합니다. 우리는 여러 면에서 피치 못할 상태에 놓여 있기 때문에 자성(自省)한다든가 관찰이나 학습을 할 시간이 거의 없습니다.

▨ 도스도예프스키(Dostoevskii, F, M., 1821~1881, 러시아의 작가)

　모든 사람은 모든 사람에 대해서, 또 모든 일에 대해서 책임을 가지고 있다.

민주주의(民主主義)에 대하여

▨ 듀이(Dewey, J, F., 1859~1852, 미국의 철학자·교육자)

올바른 민주주의는 도덕과 교양이 있는 사람이 많아야 이룩될 수 있다. 그러므로 민주주의 사회에 있어서는 모든 사람이 높은 교양을 지니려고 노력하며 공부하고 국가를 위하여 헌신하는 마음을 가져야 한다.

교육이라는 사회 기능의 목적은 민주 사회의 실현에 있다. 민주 사회는 모든 성원이 평등한 조건 밑에서 사회의 행복 실현에 참여할 수 있고, 또한 다른 사회에 대해 폐쇄되지 않고 서로 배움으로써 자기의 여러 제도를 개조할 수 있는 사회이다.

민주주의 사회가 외적인 권위를 인정치 않을 경우, 자발적인 관심과 처분에 따른 대체물을 찾아야 한다. 이 같은 것은 오직 교육에 있어서만 가능하다.

당신은 다른 사람에게 훌륭한 정신적 건강을 강요할 수 없으며,

또한 다른 나라에 대해 민주주의를 강요할 수 없다. 개인이나 국가는 보다 나은 생활방식의 실례를 구체적으로 보여 주는 그러한 사람과 좋은 관계를 유지할 때에만 변화되는 것이다.

▨ 현대사회와 윤리

민주주의는 하나의 정치 제도에 지나지 않는 것이 아니라 삶의 철학이다. 인간이 이성적으로 행동하지 못하면 민주주의는 불가능하다. 자유, 평등, 진리 등의 개념들은 인간의 이성을 전제로 하고서만 생각될 수 있다.

▨ 제퍼슨(Jefferson, T., 1743~1826, 미국의 제3대 대통령)

나는 인간의 정신을 억압하는 모든 형태의 압제에 대해서 영원히 항거하기로 신의 제단 앞에서 맹세했다.

▨ 출처 미상

내가 오래 살면 살수록 관용(寬容)은 문명의 본질이요, 민주주의 기초가 된다는 것을 더욱 평가하게 된다. 관용이란 자기의 의견을 너무 강하게 주장하지 않거나 또한 남의 의견에 냉담하다는 것을 의미하는 것은 아니다. 진리는 여러 면을 갖고 있다는 것을 인식하고, 남도 자기의 의견을 주장할 권리가 있다는 것을 존중히 여기는 것이 관용이다.

▨ 김정률(1930~, 한국의 교육학자)

민주 사회는 그 발전과 복지가 다양한 개성의 활동과 공헌에 달려 있는 것이지, 모든 사람이 똑같은 영역에서 똑같은 일을 성취하는 데 있는 것이 아니다. 고로 개개인의 독특한 재능의 발달은 그 개인이나 집단에 유익한 것이다.

▨ 김구(金九, 1876~1946, 한국의 독립운동가)

독재 중에도 가장 무서운 독재는 어떤 주의, 즉 철학을 기초로 하는 계급 독재다. 군주나 기타 개인 독재자의 독재는 그 개인만 제거되면 그만이나 다수의 개인으로 조직된 한 계급이 독재의 주체일 때에는 이것을 제거하기는 심히 어려운 것이니, 이러한 독재는 그보다도 큰 조직의 힘이거나 국제적 압력이 아니고는 깨뜨리기 어려운 것이다. 우리나라의 양반 정치도 일종의 계급 독재인데 이것은 수백 년 계속하였다.

▨ 안병욱(安秉煜, 1920~2013, 한국의 철학자·교육자)

융화의 기본 조건은 개성의 존중이다. 민주주의는 개성의 세계요, 다양성의 사회이다. 개성의 존중은 곧 그 사람의 생각과 의견을 존중하는 것이다. 내 생각이 아무리 옳다고 느껴져도 그것을 남에게 강요해서는 안 된다.

▨ 김태길(金泰吉, 1920~2009, 한국의 철학자·교육자)

민주주의는 인간의 존엄성에 대한 믿음으로부터 출발한다. 그러므로 민주 사회에 있어서 올바른 가치관은 인간을 귀중히 여기는 마음가짐을 기본으로 삼게 마련이다.

▨ 윤태림(尹泰林, 1908~1991, 한국의 법조인·교육자)

민주주의의 장래는 근대 사상의 목표인 개인의 특유한 무한한 가능성, 잠재력을 충분히 살려주느냐 그렇지 못하느냐에 달려 있다.

개인의 성장과 행복이 문화의 목표이며 목적으로 되어 있는 사회, 개인이 자기 이외의 어떤 힘에 종속되지 않는 사회, 개인의 양심과 이상이 외부적인 요구에서가 아니라 자아에서 유래하는 사회야말로 민주주의가 발전할 수 있는 사회이다.

▨ 출처 미상

민주 정치가 성공되기 위한 필수 조건 중의 하나가 이동성(mobility), 즉 교통의 용이성이라고 한다면 또 다른 하나는 어느 정도의 경제적 안정이다. 민주주의는 빈곤에 허덕이는 사회에서는 번영될 수가 없다. 고대와 중세에서 민주 정치는 대체로 번영의 중심지인 도시에서 나타나게 되었던 것이다.

민주주의란 말은 모든 민중이 자유롭고 평등한 입장에서 정치에 참여하는 민중의 지배, 통치의 체제를 의미하고 있다. 바꾸어 말하면 그것은 권력이 단 한 사람에 속하는 군주 정치, 또는 소수의 사람에게 속하는 귀족 정치와는 구별되는 개념으로 사용되어 왔다.

민주주의란 요컨대 자아의 각성을 전제로 하고, 그 자아의 완성을 목적으로 하는 것을 알 수가 있다. 자아의 각성이란 개인이 자율적 의사의 주체자라는 것이며, 자아의 완성이란 개인이 자각적 행위의 주체자라는 것, 즉 인격자라는 것의 승인을 말하는 것이다.
따라서 '의사의 자율성', '행위의 자기 결정성', '행위 결과에 대한 자기 책임성', 이 셋은 민주주의의 주요한 인자로 볼 수 있다.

민중을 자유롭게 통일시킬 수 있는 것은 오직 민주주의뿐이다. 왜냐하면, 참된 통일은 신뢰를 기초로 하며 오직 타협에 의해서만 이룩될 수 있기 때문이다. 획일성은 독재에는 통하지만, 결코 통일 (unity)에는 통하지 않는다. 억압과 박해, 압제와 잔인 등은 획일성을 낳게 할 수 있을지는 모르지만, 통일의 희망을 영원히 파괴해 버릴 것이다. 훈련된 열광, 진부한 슬로건을 앵무새처럼 반복하여 외치는 모습, 단조로운 군대의 행진, 바로 이러한 배후에는 증오와 분열과 공포의 심각한 실체가 숨겨져 있다.

밀스(Mills)는 말하였다. 사회 과학자들의 정치적 역할은 무엇인가? 사회 과학자나 지식인이 할 수 있는 일은 실제로 민주적이 못되는 사회에 살면서도 마치 진정으로 민주적인 사회에서 민주적인 방식에 따라 행동하는 사람들처럼 행동해야 한다. 우리가 마치 완전한 민주 사회에서 살고 있는 것처럼 계속 행동하는 동안에 현실 사회는 '마치 ~인 것처럼(as if)'이라는 가정이 현실화할 것이기 때문이다. 그러다가 마침내 참으로 민주적인 사회로 전환하고 말 것이다.

비민주적인 사회에서 체념하여 비민주적인 행동 양식을 습성화할 때에는 민주주의가 발달할 겨를이 없다. 그러므로 지식인들은 실제적 상황에 구애됨이 없이 민주주의에 대한 신념을 굳건히 간직한 채 사명감으로 더욱 분발, 노력해야 한다는 것이다. 이것은 우리가 귀담아듣고 마음속에 새기고 있어야 할 말이라 하겠다.

인간의 자유, 평등, 박애는 이상이지 현실은 아니다.
루소(Rousseau)의 말대로 인간은 자유롭고 평등하게 살도록 태어났건만, 도처에 있는 쇠사슬에 묶여 살고 있다. 이것이 현실 사회이다. 현실은 부자유와 불평등, 불평, 불만, 악의, 원한 등에 충만해 있으며, 만인에 대한 만인의 투쟁이 벌어지는 가운데 최소한의 사회 질서를 유지하기 위해서는 민주적일 수만 없는 정치권력이 요구된다.

다만 현실적인 처지에서 볼 때, 특히 신생 국가의 입장에서는 자유민주주의는 국민의 정치의식이 높아지고 정치 능력이 증가한 결과로 생겨날 수 있는 체제이지 그 원인이 될 수 없다는 말도 성립할 수가 있다. 말하자면 서방의 자유민주주의는 정치 발전의 결과이지 원인이 아니라는 것이다.

지적 현명성, 도덕적인 성숙성, 자치적 문제 해결 능력과 민주화의 의지!

▨ 『2000년대를 위한 한국인상』(현대사회 연구소, 1982)
열린 사회란 곧 개방적인 사회이며, 그것은 곧 자기와 다른 생각이나 의견을 존중하고 자기에 대한 비판을 기꺼이 받아들이는 태도를 가진 사람들이 만들어가는 민주적인 사회이다.

역사상의 많은 인물은 자신에 대한 비판에 관대하였을 때 위대한 업적을 이루었으며, 비판을 증오하기 시작했을 때 자기 무덤을 팠다.

민주적 인간은 모든 사람의 인격을 존중한다. 내가 자유롭고 평등하게 대우받으려면 내가 먼저 다른 사람의 자유와 평등을 보장해 주어야 한다.

정치(政治)에 대하여

▨ 맹자[孟子, BC 372~289, 중국 유가(儒家)의 확립자]

사람은 힘으로 다른 사람을 복종시켜서는 안 된다. 힘으로 복종시키는 것보다는 덕망으로 그 사람을 일깨워 주는 데 더 힘을 기울여야 한다. 힘으로 복종시키면 곧 반항하지만, 덕망은 그 사람을 강화시키기 때문이다.

▨ 링컨(Lincoln, A., 1809~1865, 미국의 제16대 대통령)

힘은 그 모든 것을 정복하나, 그 승리는 짧다.

▨ 야나기 무네요시(柳宗悅, 1889~1961, 동경대 철학과 졸업, 민예연구가)

한 나라의 영예를 유구하게 만드는 것은 무력도 아니고, 정치도 아니다. 종교나 예술, 철학뿐이다. 만일 신임할 수 있는 정치가 있다면 그것은 플라톤이나 공자가 설파한 것과 같은 정치이어야 한다.

그러나 불행히도 현대는 이러한 성현의 소리를 겁내고 있다. 그러나 우리는 이런 위대한 옛사람의 가르침이 우리를 기만하는 것이 아님을 믿어야 한다.

▨ 이이(李珥, 1536~1584, 조선의 학자·정치가)

나라를 다스림에 있어 원리에서부터 현실로 내려오는 것과 현실로부터 원리로 올라가는 것이 있다. 사태가 복잡하고 급한 때는 현실로부터 처리해 가야 한다. 경중과 완급을 살펴 중하고 급한 것은 먼저 취급할 것이요, 경하고 완한 것은 보류하여야 한다. 그러나 이는 시무(時務)에 능통한 자가 아니면 어찌 이를 원만히 대행할 수 있겠는가.

▨ 에드워드 더보노(저서 『세계를 움직이는 30인의 사상가』)

이제 우리는 무능(無能)이란 고의적인 비행이 아니고, 무능한 정치인은 교정 가능한 악의에서가 아니라 능력 부족에서 발생한다는 느낌을 갖게 되었다.

▨ 플라톤(Platon, BC 427~347, 그리스의 철학자)

만약 애지자(愛智者)가 정치에 관여하기를 회피한다면 그는 자기보다 못한 자의 지배를 받아야 할 것을 미리 각오해야 한다.

▨ 김태길(金泰吉, 1920~2009, 한국의 철학자·교육자)

약간 뛰어난 사람이 나타나기만 하면 그를 모략하고 중상하며 그를 끌어내리기를 힘쓰는 대중들 가운데서는, 즉 시기심이 유난스럽게 강한 인심 가운데서는 훌륭한 지도자 특히 행동의 지도자가 생기기 어렵다. 훌륭한 대중, 훌륭한 국민이 없는 곳에서는 훌륭한 행동의 지도자가 나타나서 제구실을 하기 어렵다는 사실은 분명하다.

우리의 지도자는 국민의 활동을 지혜롭고 용감하며 공정한 행동이 되도록 이끌어야 하는 것이며, 그렇게 하기 위해서도 지도자들 자신이 지혜롭고 용감하며 공정해야 한다.

오늘의 실정으로 보아서 우리의 국민 생활을 적절하게 이끌어 가기에 가장 적합한 것은, 한 개인의 지도자이기보다도 여러 방면에 있어서 탁월한 사람들이 뭉침으로써 형성된 지도세력이다.

'진실로 탁월하다.' 함은 어떠한 특색을 가리키는 것일까?
첫째로, 그의 도량이 넓어야 하며 사사로운 이익이나 감정을 위해서 권력을 남용함이 없도록 공정해야 한다.
둘째로, 그 학식 또는 사상이 우리의 현실 속에 뿌리를 박은 산지식이요, 사상이라야 한다.
셋째로, 그들이 모두 국가와 민족을 대국적(大局的)인 견지에서 사랑하는 지사라야 한다.

모든 국민이 주체적으로 참여하여 모두가 함께 잘 살도록 힘을 합하는 나라, 이것이 우리가 염원하는 나라이고 '민주적 복지국가'라고 이름을 붙인 사회이다.

민주적 복지국가가 실현되려면 그 실현에 적합한 민주 사회 복지적 인간상이 형성되어야 한다. 현실을 개선하는 것은 주로 인간이기 때문이다.

■ 김흥호(1919~, 한국의 철학자·목사)

일체의 문제를 해결하는 것은 제도도 기구도 아니고 마음이요, 사람이다. 사람이 있으면 나라가 되고 사람이 없으면 나라가 망한다.

■ 이용택(李龍澤, 1930~, 한국의 정치가·기업인)

훌륭한 목수 없이는 좋은 집을 지을 수 없는 것과 같이 훌륭한 국민이 없는 위대한 국가 또한 있을 수 없다.

■ 왕학수(王學洙, 1917~1992, 한국의 교육학자·언론인)

지도자는 지(志), 정(情), 의(意) 여러 방면에 있어서 남보다 뛰어나야 하며, 남에게 존경을 받아야 하고, 남에게 도움이 되어야 하고, 남을 좋게 이끌어 주어야 한다.

■ 황제내경소문해석(黃帝內經素門解釋, 고문사, 1973)

음양화평인(陰陽和平人)은 행동이 안정하고 함부로 두려워하거나 기뻐하지 않습니다. 있는 그대로 사물에 좇으며 혹은 대세에 반항하지 않고 시대의 조류에 좇아서 이 때문에 변절하는 듯한 태도를 취하는 수가 있습니다. 존귀한 자리에 앉아도 겸손한 태도이며, 극히 대범하게 스스로는 아무 일도 하지 않아도 세상이 잘 다스려집니다. 이것이야말로 최고의 경지로서 지치(至治)라고 합니다.

■ 윤태림(尹泰林, 1908~1991, 한국의 법조인·교육자)

중국의 정치사상은 제왕 본위이고 치자(治者) 본위이다. 치자를 위하여 어떻게 백성을 다스릴 것인가가 정치학이지, 백성을 위하여 그들을 잘 살게 하기 위하여 어떻게 정치를 할 것인가의 정치학이 아니었다.

▨ 몬테스큐(Montesquieu, C, L., 1689~1755, 프랑스의 계몽사상가·정치철학자)

아시아에서는 노예제의 정신이 지배하고 한 번도 소멸한 적이 없다. 아시아의 역사에서는 자유정신의 흔적을 찾아볼 수 없다. 노예제의 영웅주의만이 거기에서 볼 수 있을 뿐이다.

▨ 헤겔(Hegel, G, W., 1770~1831, 독일의 철학자)

동양에서는 자유인이란 왕 하나뿐이다. 그 이외, 즉 민중은 노예.

▨ 출처 미상

유교가 우리나라에 끼친 해독은 오히려 그 효과를 덮고도 남음이 있다. 지나친 형식주의와 아울러 웨버가 말한 카리스마적 지배는 왕권과 권위만을 전면에 내세웠고, 민중에게는 권위에 대한 복종을 강요함으로써 인간성을 무시해 버렸다.

도리보다는 부조리가, 진보보다 전통이 앞섰고, 지배자까지 규율할 수 있는 객관적인 법체계가 없고 권력자의 자의(恣意)대로 입법, 행정, 사법이 운영되는 전 근대적인 경향과 극히 소수인 특권층 양반, 귀족에 의한 압제와 독재의 왕정은 민중으로 하여금 실망과 절망, 불안과 고독, 허탈과 무력으로 이끌기에 좋은 계기가 되었다.

▨ 출처 미상

인간은 사회를 떠나서는 참되게 살아갈 수가 없다. 그런데 그 사회는 좋은 사회, 즉 참된 생활의 실현에 도움이 되는 사회가 되어야 할 것이다. 왜냐하면, 아무리 훌륭한 생활 원칙을 세워 그 실현을 위해 노력한다 할지라도, 만일 그것을 여지없이 억압하는 사회 속에서는 본래의 목적을 이룩할 수 없을 것이기 때문이다. 따라서 인간은 자기의 생활을 가장 훌륭하게 영위해 나가기 위해서는 그것에 적합하도록 사회를 경영해 나가지 않으면 안 된다. 정치란 사회를 경영하는 일이기도 하다.

▨ 『2000년대를 위한 한국인상』(현대사회연구소, 1982)
　얼마간의 갈등은 참신한 자극제나 윤활유가 되어 오히려 정치 발전의 촉진제가 될 수 있다.

　문제는 대체로 혁명 직후나 건국의 초기에는 정치인의 개혁 의지가 비교적 강한 편이지만 시간이 경과함에 따라 점차 약화되어 끝내 부패하게 된다는 것이다.

▨ 플라톤(Platon, BC 427~347, 그리스의 철학자)
　타락한 국가는 세력, 재산, 수나 카리스마와 같은 여러 형태의 욕망에 의하여 지배되는 나라이다.

▨ 마키아벨리(Machiavelli, N., 1469~1527, 이탈리아의 정치사상가·역사가)
　부패한 나라는 온갖 형태의 방자성과 관권(官權)의 불균형 확대, 평화와 정의의 파괴, 불의의 야심, 불화, 기만, 종교의 멸시 등 난잡한 경향 등에 의하여 뒤덮인 나라이다.

　정치가는 올가미를 발견할 수 있는 여우의 지혜와 여우를 두렵고 무섭게 하는 사자의 위엄을 갖추지 않으면 안 된다.

▨ 김형효(金炯孝, 1940~2018, 한국의 철학자)
　그들의 대부분은 다른 사람들과 스스로 탁월하게 구분된다는 선택의식이 충일하여 문자 그대로 엘리트 의식에서 도도하게 산다. 그러나 나는 그들의 대부분이 이 민족의 동량지재(棟梁之材)가 될 수 있을까 하고 의심한다. 왜냐하면, 그들 대부분은 너무 영리하기 때문이다. 서울에는 많은 도시형 인간들이 있다. 약삭빠르고 영리하고 재치 있고 세련되어 있는 인간상들이 이른바 도시형이다. 그런 도시형에서 우리는 깊은 영혼의 감동을 느끼지 못한다. 사람이 잘 다니고 손때가 잘 타는 번잡한 산비탈엔 화초가 많으나 하늘을 치솟는 거목(巨木)들은 드물다.

영웅이나 위인들이 각기 지닌 특성은 저마다 다를 것이지만, 공통되는 점은 그들에게 영원한 진리를 투시할 수 있는 직관력과 덕망, 독창력 그리고 성실한 인간성을 들 수 있을 것이다.

민주주의가 존속하고 성장하려면 정치 엘리트가 보통 인간으로서 누구나 억제하기 어려운 독선적 자기중심주의, 무한한 명예심, 끝없는 권력욕을 스스로 억제할 수 있어야 한다.

▨ 출처 미상
"권력은 부패하기 쉽다. 절대적 권력은 절대적으로 부패한다."라는 말은 정치권력의 경향성을 갈파한 액튼 경의 명언으로서 널리 알려졌다. 이와 같이 권력은 잘못하면 절대화, 자기 목적화, 또는 악마화하기 쉽다.

원래 정치는 인간이 참으로 인간답게 생활해 가기 위한 환경을 정비하고 인간이 각자의 행복을 추구하는 데 유리한 조건을 마련하는 것을 목적으로 해야 하는 것이다. 정치권력이 만일 이러한 목적을 위하여 행사한다면 그것은 선한 권력으로 될 수 있을 것이다.

현 사회를 형성하여 이를 계속 유지, 발전시켜 가기 위해서는 무엇보다도 먼저 그 사회 내부에서의 분열과 또는 반항적 경향을 억제하여 질서를 수립해 놓아야 한다. 그러나 또 다른 한편에서는 외적의 침입을 방지하여 그 사회의 존립을 공고히 할 필요가 있다. 전자는 그 내재적 원인이요, 후자는 그 외재적 원인이다. 바로 이와 같은 사회적 필요성의 존재야말로 권력 발생의 근거가 되는 것이다.

권력은 사회적 지위에 관한 상하적(上下的) 대립 관계에서 작용하게 되므로 권력에 의한 통일은 타율적이며 외면적일 수밖에 없다. 이것에 대해서 권위는 오직 가치상의 상하 관계에서만 작용하게 되므로 권위에 의한 통일은 자율적이며 내면적으로 되는 것이다. 또한 권력은 기껏해야 규범의식이니, 외면적 위엄이니 통용성이니 하는 것과 관련되고 있는 데 대하여 권위에는 가치의식과 내면적 위엄과 타당성이 따른다.

그러나 현실적으로 볼 때, 권위를 결(缺)하는 권력은 올바른 정통성을 얻기 어려울 것이며, 권력을 결한 권위도 유력하다고는 말할 수 없을 것이다.

■ 마코레이(Macaulay, C., 1731~1791, 영국의 역사학자)
어떠한 사회에도 보수주의자들이 존재하는 데 이들은 어떠한 사물이라도 그것이 낡은 것이라면 애착을 느끼며 개혁하는 것이 유리하다는 것을 분명히 알게 되었을 때라도 커다란 불안과 불길함을 느껴 좀처럼 그러한 개혁에 동조하지 않는다.

동시에 또한 어떠한 사회에도 개혁주의자들이 존재하는데 그들은 희망으로 가득 차 모험적이며 항상 전진하려고 하며, 현재의 결함을 쉽사리 발견하는 동시에 개혁에 따르는 위험과 불편에는 별로 개의치 않고 일체의 변화를 개량으로 보기 쉽다.

■ 출처 미상

이데올로기라는 것은 정치 체계의 구성원들에게 과거를 해석하고 현재를 설명하며 미래에 대한 비전(vision)을 제시해 주는 이념과 목표와 목적이 논리화된 체계를 말한다. 그러므로 그것은 정치 구성원들에게 권력이 의당히 해야 할 일과 하지 말아야 할 것을 제시해 준다. 그런가 하면 때로는 정치 생활에서 기만적 신화로 작용할 때도 있다. 이데올로기는 그 나름의 상상력과 논리화의 기능 영역을 가지고 있기 때문에 현재적(顯在的)인 것이라기보다는 잠재적(潛在的)인 것이라고 할 수 있다.

■ 이극찬(李克燦, 1924~2009, 한국의 정치학자)

자본주의적 민주주의 체제하에서는 수많은 인간이 개성의 독자성을 존중받지 못하고 있다. 개성의 독자성이 무시되는 곳에 참된 인간의 자유는 존재할 수 없다. 인격적 자아의 실현을 최고의 가치로 보는 견해에서 라스키는 모든 인간이 자신의 운명을 스스로 형성하는 주인공이 될 것을 희망했다. 수많은 사람이 소외되고 있는 사회는 이를 참된 사회라고 부를 수 없다.

오직 이윤 취득에만 급급하는 이른바 취득 사회의 병폐, 취득 사회에서는 '있는 자'와 '없는 자'로 나뉘어 반드시 부익부 빈익빈(富益富貧益貧)의 현상을 보여줄 것이며, 따라서 사회 정의는 좀처럼 찾아볼 길이 없게 되리라고 보았다.

국가는 그 자체가 하나의 목적이 아니다. 그것은 단지 하나의 목적을 위한 수단에 불과하다. 그 목적이란 인간 생활을 풍부히 함으로써만 비로소 달성되는 것이다.

▨ 아인슈타인(Einstein, A., 1879~1955, 미국의 이론물리학자)
어느 집단의 본질적인 성격을 간단히 기술하고자 하면 그 방법은 항시 그 집단이 가진 이상(理想)을 진술함으로써 이루어져야만 한다.

나는 어떠한 전쟁도 쓸데없는 짓이고 해로운 것이라고 생각한다. 이러한 더러운 일에 참여하느니 차라리 내 몸을 산산조각으로 찢어발기는 편이 나을 것이다.

자본주의가 생산의 발전은 물론, 지식의 진보까지 가져온 것은 결코 우연한 일이 아니다. 유감스러운 일이기는 하지만 이기심과 경쟁은 협동심과 의무감보다 강하다.

민족(民族)에 대하여

▨ 최용석(저서 『한국 속의 세계』)

세계를 주도할 수 있는 국가가 되기 위해서는 물질적인 발전은 물론이지만, 그보다 더 중요한 것은 정신적인 측면에서 세계를 주도할 수 있는 국가가 되어야 하는 것이다.

정신적으로, 철학적으로, 사상적으로 혹은 신앙적으로 세계를 지도할 수 있는 진리를 제시, 그 진리 아래 전 세계 모든 인류의 마음이 끌려올 수 있다면, 그러한 내용을 우리 한국이 가질 수 있다면 돌아오는 21세기 새 시대의 세계 속의 주인은 바로 우리 한민족이 아닐 수 없는 것이다.

▨ 김구(金九, 1876~1946, 한국의 독립운동가)

철학도 변하고, 정치 경제의 학설도 일시적이거니와 민족의 혈통은 영구적이다.

최고 문화 건설의 사명을 다할 민족은 일언이폐지하면 모두 성인(聖人)을 만드는 데 있다. 대한 사람이라면 가는 곳마다 신용을 받고

대접을 받아야 한다. 우리의 용모에서는 화기가 빛나야 한다. 우리의 국토 안에는 언제나 춘풍(春風)이 태탕하여야 한다.

▨ 『우리의 조상』(문예진흥문고, 계몽사)

우리 민족의 자주성, 창조성, 종합성, 평화성, 저항성은 도대체 어디에서 우러나온 것일까? 그것은 두말할 것도 없이 우리 민족의 우수함과 우리 국토의 아름다움에서 우러나온 것이다.

▨ 조영석(저서 『창조의 의지』)

대망(大望)이 있는 사람은 자숙(自肅)합니다. 또 그와는 반대로 자숙하는 사람은 대망이 있다고도 할 수 있습니다. 자숙한다는 것은 보다 나은 내일을 위하여 일을 가려 한다는 이야기인데, 우리는 대망을 바라고 또 가져야 할 민족이기에 반드시 해야 할 일(안정, 협동, 건설)과 해서는 안 될 일(부정, 불화, 분쟁)을 구분하여야 하고, 일의 경중 완급을 가려 본말이 전도되는 일이 없도록 하여 반드시 내일을 위해 살며 또 예비하는 국민이 되어야 하겠습니다.

▨ 김재은(金在恩, 1931~, 한국의 심리학자·교육자)

한국 사람은 역사성이 좀 부족한 것 같습니다. 한국 사람은 집이다, 회사다, 빽이다, 줄이다 하는 집단에 의존하고 있어서 어떤 개인적인 삶의 설계, 방침, 결의 같은 것 없이도 개인 생활을 보낼 수가 있게 되어 있습니다. 그리고 무슨 국가적인 문제가 생기면 성토대회에 한 번 나갔다 오면 그것으로 끝나는 것으로 되어 있습니다.

자주성과 자기 결정을 별로 필요로 하지 않게 되어 있기 때문입니다. 많은 한국 사람들은 해파리처럼 물의 흐름에 따라서 떠돌아다니는 체질이라고 하겠습니다. 과거의 쓰라렸던 역사는 미래에의 교훈이 되는 것입니다. 역사가 과거의 소산으로만 끝나는 것이 아니고, 미래로 향해서 열려 있다고 하는 것을 알 필요가 있습니다.

▨ 출처 미상

오랜 역사의 어려운 조건 때문에 그런지 모르지만, 한국 사람은 무슨 고상한 목적이나 불변의 진리를 위해서만 살지 않는다. 그 대신 주어진 상황에 늘 새로 적응하며 산다.

조금 다르게 생각하면 한국 사람은 너무나 성급한 듯하다. 환경에 적응하면서도 오히려 빨리 달라지려 하고, 또 옛날의 권위주의 사회 제도에 순종하면서도 뛰면서 늘 새로운 것을 맛보려는 사람이다. 한국 사람의 걷는 모습, 운전하는 자세, 건축하는 방법, 학문을 연구하는 자세 같은 모든 것이 너무 성급하다. 오늘의 한국 사람은 기다릴 줄 모른다. 모든 일이 한순간에 완성되어야만 한다. 오랜 역사를 가진 문화의 특징의 하나가 시간의 여유인데 오늘의 한국은 대체로 젊은 사람처럼 성급하다.

▨ 이동식(李東植, 1920~2014, 한국의 정신치료학자·의사)

우리 민족의 부정적 요소와 긍정적인 요소를 다 같이 검토하여 받아들일 때 그것이 진실로 우리 민족의 참다운 모습이고, 민족의 참된 본래 면목을 되찾았을 때 바른 민족 주체성이 확립되는 것이다.

역시 동방예의지국이고, 오히려 외국인들에게서 천박한 면을 많이 발견하고, 한국인이 우수한 것은 우리가 생물학적으로 우수한 것이 아니라, 무의식적으로 간직하고 있는 우리 사회의 밑바닥을 흐르는 전통이 높은 수준에 있다는 것을 발견했다.

▨ 윤태림(尹泰林, 1908~1991, 한국의 법조인·교육자)

열등감의 반작용으로서 한국 민족이 세계만방 그 누구보다 가장 탁월한 존재라고 주장하는 것도 아니고, 사실을 사실대로 인식해 가면서 역사 법칙에서 움직이고 있는, 한 흐름 속에서 주체성을 회복시켜 보고 주체 역량을 구축해 보려는 것이다.

▨ 유진오(俞鎭午, 1906~1987, 한국의 정치가·교육자)

결국, 민족의 경우에는 대외적 지위를 향상시키는 길은 남을 미워하고 저주하는 데 있는 것이 아니라, 자신을 훌륭하게 하는 것밖에 없음을 알게 된다.

강한 이웃 사이에 끼어 시달림을 받으면서도 수천 년간 정치적 독립과 독특한 문화 전통을 지켜 나온 민족 전래의 감투, 독립정신을 살려 누구에게도 수모를 받을 까닭이 없는 조국을 건설하는 것만이 우리 앞에 놓인 유일한 길임을 깨달을 때는 왔다.

▨ 조풍연(趙豊衍, 1914~1991, 한국의 아동문학가·언론인)

논제 「넓은 안목으로 이 세계를」

천성이 유순하고 원래부터 남과 다투기를 싫어하는 성미인지라 이웃끼리 살아가는 데 갈등이나 마찰은 덜했지만, 그런 만큼 진취적이거나 도전적인 철학의 빈곤으로 더디게 발전했다는 흠만은 들지 않을 수 없다. 항상 새로운 것보다는 늘 손에 익은 것, 눈에 익은 것, 모나지 않은 것을 좋아했고 거기에 집착했던 것이다.

그리고 자기 자랑, 조상 자랑이 심하여 늘 문벌 싸움이 잘 날 없었던 것이다. 이러한 연유로 우리 민족이 빼어난 문화를 창조한 위대한 민족임에도 불구하고 서양의 앞선 문물을 받아들이는 데 인색함으로 인해 근대화의 대열에서 뒤떨어지게 되었고, 끝내는 나라까지 잃는 비운을 맛보기에 이르렀던 것이다.

우리가 오늘날 분단의 고통에서 벗어나지 못하고 있는 것도 우리 선조의 좁은 안목에서 그 탓의 한 자락을 찾아볼 수 있다고 하겠다. 그러나 천성이 워낙 부지런하고 강인한 품성을 가진 우리 민족인지라 옛날 선조가 누렸던 문화 민족으로서의 영광을 머지않은 날에 다시 누릴 수 있게 될 것을 믿어 의심치 않는 바이다.

신규식(申圭植, 1879~1922, 한국의 독립운동가)

우리나라의 망함은 백성의 마음이 죽었기 때문이다. 이제 망국(亡國)의 백성이 되어 갖은 슬픔을 당하면서도 오히려 몽매(蒙昧)하여 깨닫지 못함은 죽음 위에 한 번 더 죽음과 같도다.

토인비(Toynbee, A., 1889~1975, 영국의 역사가)

지상에서 위대한 업적을 남긴 민족은 반드시 세 개의 공통된 요소를 지닌다.

첫째는 굳건한 단결력이요, 둘째는 왕성한 활동력이요, 셋째는 진실한 국민성이다.

안창호(安昌浩, 1878~1938, 한국의 독립운동가)

자기 한 사람의 인격을 건전하게 하는 것은 곧 민족을 건전하게 하는 것이 된다. 그러므로 우리는 국민 한 사람, 한 사람이 서로 자기의 인격을 쌓고 닦는 데 온 힘을 기울여야 한다.

인명 색인